JN327776

明日からできる

速効マンガ

❺年生の学級づくり

中村　健一 著　　松岡　奈奈 マンガ

日本標準

『明日からできる速効マンガ　学級づくり』シリーズ発刊に寄せて

若手教師のみなさん！ 教職を楽しむための「装備」をもとう！

これが『明日からできる速効マンガ 学級づくり』シリーズのコンセプトです。

今教育界は大きな転換期に直面しています。いうまでもなく新旧交代の時期です。ここ数年で教育現場はぐっと若返りました。若い教師にはベテラン教師にはない魅力があります。それは「若さ」です。あまり世代も変わらぬ若い「お兄さん、お姉さん」先生がすぐそこにいてくれるだけで子どもたちは大喜びです。出会いの瞬間に子どもたちを惹《ひ》きつけられる、それが若手教師の1つの「装備」といえるでしょう。

しかし、教育現場は「若さ」という1つの「装備」だけで乗り越えていけるほど甘くはありません。「若さ」という「装備」が効力を発揮するのは、極めて短い間なのだと考えてください。

たとえば新任の教師には次のような「運命」が待ち受けています。

教師教育を終えて現場に赴く。赴任のあいさつから続く怒濤《どとう》の新年度業務の連続に忙殺されるなかでの子どもたちとの出会い。何をしてよいかわからぬままに、あれよあれよと時間だけが過ぎ去っていく。はじめこそ「若さ」に惹きつけられて寄ってきてくれた子どもたち。

「なんとかやれるかも?」

そんな淡い期待は長くは続かない。気がつくと始まっていた授業や学級経営。見通しがつかず、どう対応してよいかわからぬ日々……。

ただ懸命に一日一日を乗り切るだけ。そうして学級も荒れ始め、あれだけ夢見た教育現場に行くのがつらくなっていく……。初任者なら必ず通る道でしょう。教師になって早くも立たされる岐路といってよいでしょう。さて、その岐路に臨んでの選択肢は3つしかありません。

その1　耐え忍んでやり過ごす。
その2　教職を辞する。
その3　打開策を求めて学ぶ。

これら3つ以外にはありません。

この本を読まれている方はきっと3つめの選択肢を選ばれた方でしょう。

そう！　もし将来、せっかく選んだ教師という職業を楽しみながら続けたいと思うのなら、「打開策を求めて学ぶ」しか方法はないのです。

もしかしたら、読者のみなさんのなかには「かつての恩師の姿に憧れて教師になった」という方もおられるでしょう。でも、そのすばらしい恩師はきっと例外なく、あなたと同じ若き苦悩の時代を過ごし、「打開策を求めて学ぶ」ことをされてきた方なのです。おいしい料理を食べる客には厨房《ちゅうぼう》での料理人たちの「戦い」が見えぬ、わからぬのと同様に。

では、学級経営を行うのに必要な「装備」には、まず、何が大切なのでしょうか？

それは「哲学」と「上達論」です。

「哲学」とは「目の前の子どもたちをどのように育てたいのか？」という思想です。これがないと行き当たりばったりの指導に終始し、結果「ブレた」指導を行ってしまい、子どもたちを混乱させてしまいます。その度重なる混乱はやがて子どもたちの「反旗」となって教師に向かってくることになります。いわゆる「学級崩壊」です。

「上達論」とは「子どもの成長に応じて指導法をレベルアップさせていく」という考え方です。新学期の4月と翌年の3月とで子どもたちの姿は同じであるはずがありません。学校が子どもの力を伸ばすことを前提とするならば、1年後の子どもたちに対する指導は大きく変わっているはずです。ところが、この「上達論」をもたないといつまでも子どもたちの力は伸びないばかりか、日々、下降線をたどることになります。

さあ、なんとか1ミリメートル前進すべくがんばりましょう！

とはいえ「打開策」とは小難しい教育書や論文を読むことからしか始まらないの？　とすればちょっと腰が重いなあ……。そう思われる方々はきっと多いことでしょう。ベンチプレスもいきなり100キロは無理です。まずは10キロからスタートすべきです。

そこで若手の先生方！　まずは本書を読むことから始めてください。

この本では、まずマンガで「現場で起こることが予想されるシーン」をいくつか紹介しています。

まずは、これらのマンガを読んで、現状に思い当たるシーンを選んでください。次に、そのシーンにおいて、「哲学」と「上達論」に支えられた指導をどう行うべきかの文章説明をお読みください。

つまり、忙しいときには、まずは、マンガで「欲しいシーン」を選んでフォーカスしたうえで、改めて時間のあるときにくわしく説明を読み、対策を立てることが可能になるのです。

この構成は従来の文字ばかりの教育書には見られない画期的なスタイルだといえます。

文字は記号であり、読者はその記号と自分の体験を結びつけて再構成するという手間を必要とします。時間があるときに、じっくり文字ばかりの本を読むのはそれなりに大切なことです。

でも、教師は忙しいです。特に、若手の先生方には余裕はないはずです。そこで、

・朝、出勤前に歯磨きしながら片手で読める教育書
・家に戻ったら必要な箇所を読んで手軽に「自己研修」できる教育書
・気がついたら学級経営に必要な「装備」が身につく教育書

以上3点を意識してこの本を完成させました。これなら毎日仕事をしながら少しずつ教師としての「装備」を増やし、その結果、力量を高めていけます。そうすれば、きっと「もっと知りたい」と思うことが出てきます。そのくらいのモチベーションをもてるようになれば、文字ばかりの教育書の内容もすっと頭の中に入ってくるでしょう。

本書が「打開策」を求めて第一歩を踏み出そうとする先生のお役に立てれば幸いです。

土作　彰

はじめに

教師は楽しい商売だぞ！　だから辞めるな！

現場に出れば「即戦力」になることが求められます

現場に出る前の学生相手に講座をもち始めてから、10年以上の年月が経《た》ってしまいました。

10年前は、教師になるのが非常に難しい時代でした。採用が少なく、なかなか本採用に合格しない。ほとんどの学生が数年間の講師生活を経て、やっと本採用を勝ち取っていたものです。

しかも、若い教師は少数。だから、若い教師に手厚く、いろいろと教えてあげることができました。

今は、教師になるのが比較的簡単な時代になっています。採用が増え、大学を出てすぐに本採用になる人の方が多いくらいです。

若い教師が多数になり、中堅やベテランが少数になりました。だから、若い教師一人ひとりに手厚く、いろいろなことを教えてあげることができません。

しかも、毎年毎年、ベテランが大量に定年退職していきます。そして、その代わりに初任者が学校にやってくるのです。初任者は退職者の代わり。「即戦力」として仕事をすることが求められます。

まあ、そもそも子どもや保護者にとって、初任者もベテランも関係ないですからね。ベテランと同じ学級担任として働く以上は、「即戦力」となる必要があるのは当然の話です。

だから、「即戦力」として働けるだけの力、土作彰氏の言葉で言えば「装備」を身につけて現場に出なければならないのです。

大学の授業だけでは「即戦力」になる力は身につかない

それなのに、大学では現場で「即戦力」として働けるだけのことを教えてくれません。

だから、新採1年目の若手が多く辞めていくのです。

「大学の先生が教えてくれないなら、俺《おれ》らが教えよう！」

学生相手に講座を始めたのは、こんな単純な動機からだったように思います。

そして、今、我々の学生相手の講座には、たくさんの人が集まります。

彼ら彼女らも不安なのです。大学の授業で学ぶだけでは、現場で通用しないのを知っているからです。

でも、不安な人は大丈夫。不安だから、我々の講座に参加します。本書を手に取ったあなたもそうでしょう。不安だからこそ、大学の授業以外でしっかりと学び、力をつけて現場に出ようとしているのです。

「覚悟」をもって現場に出よう！

身銭を切って講座に出て、身銭を切って教育書を読む。すばらしいことです。

しかし、それだけで現場で通用するわけがありません。現場は非常に厳しいです。

1年目のあなたは、きっと挫折するにちがいありません。まずまちがいなく学級はうまくいかないでしょう。

1年目は、楽しさなど感じることはほとんどないと思っていた方がいいくらいです。

それどころか、苦しくて辞めたいと思うことさえあるはずです。

それでも、私は「辞めるな！」と言います。

それは私が教師は楽しい商売だと思っているからです。よい商売だと思っているからです。

1年目はつらいことばかりでしょう。しかし、厳しい1年目を乗り切れば余裕が出ます。2年目は少し楽しくなるはずです。

3年目は、さらに楽しい。そして、4年目、5年目と、どんどん楽しくなっていきます。

40歳を超えると、ヤバいぐらいですからね。私は毎日が楽しくて楽しくて仕方ない。

若手にも厳しい時代を生き抜いて、私のように教師という商売を楽しんでほしいと思っています。

かなり厳しい物言いになってしまいました。しかし、このぐらい言っておいた方が若手にはよいと考えています。

とにかく「覚悟」だけはもって現場に出てほしいと思っているからです。

厳しい現場で何とか1年間生き抜いてやるという「覚悟」をもって、現場に出てください。そうすれば、きっと大丈夫。

私、中村健一は、全国の先生方の味方です。子どもたちも、笑顔。先生も、笑顔。全国の教室に笑顔があふれることを祈っています。

本書が少しでもそのお役に立てばうれしいです。

中村　健一

目次

主な登場人物紹介

音無《おとなし》 聖子《しょうこ》
恩師・中村先生に憧れて先生になった新任教師。おとなしく真面目な性格。5年生担任。
中村先生（妖精バージョン）
音無が大事にしていた中村先生の本の中から飛び出した妖精のような存在。
かぶりものがトレードマーク
子どもを笑顔に
中村健一
中村《なかむら》 健一《けんいち》先生
この本の著者でもある実在の教師。本作では本の表紙や回想シーンに登場。
5年1組の子どもたち
大越《おおごえ》 元気《げんき》
やんちゃ君
浦《うら》 うらら
マンガ好き
大木《おおき》 昇《のぼる》
お調子者
青空小学校の先生たち
六本木《ろっぽんぎ》先生
5年生担任
二階堂《にかいどう》先生
5年学年主任
四ツ谷《よつや》先生
3年生担任
一ノ瀬《いちのせ》先生
3年学年主任

4月編　「0」～「30」の時間

学級づくりは、４月がすべてです。

４月の１カ月で、その学級が１年間乗り切れるかどうかが１００％決まってしまいます。

だから絶対に手が抜けない。私も毎年４月は、毎日分刻みのスケジュールを立て、死ぬ気で学級づくりをしています。

逆に言えば、４月の１カ月で学級を軌道に乗せてしまえば、あとは楽です。４月の死ぬ気のがんばりは、残り11カ月を楽に楽しく過ごすための投資だと言えるでしょう。

この章では、４月の１カ月を「０（春休みから新学期前日まで）」「１（新学期初日）」「３（新学期３日目まで）」「７（新学期７日目まで）」「30（新学期30日目まで）」に分け、具体的に何をすればよいのかを述べていきます。

４月で学級を軌道に乗せ、厳しい１年目を乗り切りましょうね。

「怖さ」を知っている教師は大丈夫！

憧れの教職をめざし、夢と希望を胸に努力してきた若者が、学級担任としていよいよ現場に立つ4月。来るべき「その日」に向けて、どんな心構えをもつとよいのでしょうか。

教師になって現場に出るのが、楽しみですか？

私は現場に出る前の学生相手に講座をもつことが多くあります。

そのとき、こういう質問をぶつけます。

「教師になり、学級担任になって現場に出るのが楽しみですか？　楽しみな人は『○』、楽しみでない人は『×』を出してください」

○×ポーズで答えさせると、多くの学生の答えは、「○」です。

今から教師になり、学級担任として現場に出るのです。夢や希望に満ちあふれていて当たり前。そもそもこの厳しい時代に「教師になろう」という意欲をもって努力してきた若者たちです。子どもが大好きで、教職に夢と希望をもっているのが当然でしょう。

しかし、現場に出ている教師はちがいます。

私は3月、現場の教師向けの講座でも、同じ質問をします。

「もうすぐ4月ですね。新しい学級をもつのが楽しみだという人は『○』、楽しみでない人は『×』を出してください」

多くの教師の答えは、「×」です。ショッキン

グかもしれませんが、現場の教師なら共感まちがいなしの正直な思いです。1年でも経験のある教師は、新しい学級への期待より、不安の方が大きいのです。

これは、私も同じです。毎年4月、新しい学級の子どもたちと出会う前は怖くて怖くてたまりません。「今年こそ学級崩壊するかも」という不安で、夜も眠れなくなるのです。

ジェットコースターが落ちる前、最初にカタカタと上っていくときの心境だと言えばイメージできるでしょうか。それほどに現場は厳しいのです。この厳しさ、怖さは実際に現場に出てみないとわからないでしょうね。

「怖さ」を知っている教師は大丈夫

それでも、先ほどの質問に、「×」を出す教師は安心です。それは、現場の厳しさを知っている教師だからです。

子どもたちはときとして、非常に残酷です。担任が気に入らなければ、友だちと作戦を立てて教師に反抗します。保護者も非常に残酷です。担任の指導や対応に不満をもてば、容赦なく責め立て、教師を辞めさせようとすることさえあります。

でも、その怖さを知っている教師は大丈夫です。きちんと作戦を立てて学級づくりをするからです。私も学級崩壊が死ぬほど怖いです。だから、命をかけて作戦を立て、準備をします。

それなのに、「○」なんてのんきな回答をする教師は、作戦を立てません。準備もしません。「私は大丈夫だろう」なんてのんきに考え、思いつき

で「その日暮らし」の学級づくりをします。

　厳しい現場でそんなのんきなことをしていたら、命取りです。子どもは荒れ、保護者からの信頼を失います。最低でも学級崩壊。下手をすれば、教師を続けられなくなるところまで追い込まれるのです。

生まれて初めて人格否定される

　現場に出る前の学生は夢と希望に満ちあふれています。もちろん、それを否定する気はありません。すばらしいことです。しかし、現場は非常に厳しい。夢と希望〝だけ〟で生き残れるほど、甘い世界ではありません。

　私が学生相手の講座でよく言う台詞《せりふ》。それは、「教師になって1年目、君たちは生まれて初めて人格を否定される経験をするでしょう」ということです。

　初任者の8割の教室が荒れると言われます。私の実感では、もっと多い。まず、まちがいなく初任者の教室は荒れます。学級崩壊です。

　そうなると、子どもたちは、教師に刃向かいます。あなたが天使だと思っている子どもたちが、悪魔に変身してしまうのです。反抗的になります。反発します。そして、ありとあらゆる暴言をあなたにぶつけるでしょう。

「となりの○○先生のクラスの方がよかった。お前に力がないから、こんなクラスになってしまったじゃないか」

　こんなグサッとくる言葉も平気で言います。保護者もそうですね。経験の浅い初任者にとっ

ては、特に最初の学級懇談会がヤバい。保護者から苦情の集中砲火を浴び、職員室に戻って泣く若手を、私は何人も見てきました。

　きっとあなたも、程度の差はあれ、こうした「洗礼」を受けるにちがいありません。それでも、「絶対に辞めない」「生き抜いてやる」という強い「覚悟」をもつことが必要です。

教師はよい仕事。どんどん楽しくなる

　とにかく1年目は、辞めないことが大切です。初任者は、辞めなければ、それで十分。「よくやった」とさえ言えるでしょう。

　そんなに厳しい現場なのに、私がなぜ辞めないことをすすめるのか？　それは、教師という仕事は「年々楽しくなっていく」からです。

　1年目は、死ぬほど厳しいです。楽しさを感じることなど、正直なところほとんどないでしょう。しかし、2年目からは余裕が出ます。それが3年目、4年目になってくると、楽しい割合が増えていきます。40歳を超えるとヤバいほどです。教師として子どもたちと過ごす毎日が楽しくて仕方ない。

　私は教師という仕事は楽しい商売だと思っています。なにより子どもの成長を身近で感じられる職業です。だから、厳しい1年目を乗り越えて、私のような楽しさを実感してほしいと思っているのです。

「0」の時間 ――春休みから新学期前日まで

新学期前日までの「0」の時間は、新学期前の重要な準備期間です。「その日暮らし」の新学期にならないよう、新学期前にしっかりとシミュレーションしておきましょう。

「0」の時間で作戦を立てておく

子どもたちは正直で、ある意味残酷です。指導力がない教師にはすぐに反抗します。保護者も残酷です。担任教師のことを「自分の子どものためにならない」と判断すれば、ときにその教師を辞めさせようとさえします。

そんな子どもたち、保護者相手には、きちんと作戦を立てて臨まなければなりません。

作戦抜きでのんきに構えて学級がなり立つほど、現場は甘くはないのです。

では、その作戦をいつ立てるのか？

これは、新学期が始まる前の「0」の時間がとっても重要になってきます。

現場は非常に忙しいですからね。新学期がスタートしてしまったら、作戦など立てている時間はありません。現場の忙しさに飲み込まれ、「その日暮らし」の学級づくりになってしまうのは目に見えています。

まずは赴任前から「自分が学級担任になったら」と大まかなイメージで作戦を立てておきましょう。さらに、あなたが学校に赴任し、担当する学年、学級が決まったら、より具体的な場面を想定して細かい作戦を立てましょう。

子ども、保護者の情報を集める

作戦を立てるためには、情報が必要です。前年度の担任に聞くなどして、担任する学級についてできるだけ多くの情報を集めましょう。

特に配慮の必要な子どもや保護者の情報は意識して積極的に集める必要があります。

「このクラスは、この子とこの子を押さえていれば大丈夫だ」

「このクラスは、この保護者とこの保護者を押さえておけば大丈夫だ」

どの学級にもキーパーソンとなる子どもや保護者がいるものです。特別な支援を必要とする子どももいるでしょう。当然、その子どもや、その保護者への対応は手厚いものになります。

どの子も平等に、どの保護者も平等に、なんてキレイごとばかりは言っていられません。

キーパーソンとなる子どもや保護者は、あらゆる手を尽くして味方にする必要があります。

女の先生なら、特に「やんちゃ君」を味方にしないといけません。男の先生なら、女子ですね。おませで難しい「高学年女子」は特に要注意です。（ちなみに「高学年女子」への対応について書くには、本1冊分のページ数が必要となります。ここで一言だけアドバイスするとすれば、「高学年女子」は〝子ども〟ではなく〝レディ〟として接する、ということですね）

作戦は超・具体的に立てる

新学期が始まる前に立てておきたい作戦は、非常に多くあります。

たとえば、給食です。私は、学生相手の講座で次のように聞くことがあります。

「現場は非常に具体的なんです。たとえば、給食指導。おかわりはどうします?」

学生は、まず答えられません。大学では、そんなこと教えてくれないからです。

しかし、現場は非常に具体的です。最初の給食のときに、子どもたちは必ず聞いてきます。

「先生、おかわりはどうしたらいいですか?」

そのとき、すぐに具体的に答えられないようでは、アウトです。子どもたちは、方針をもたないリーダーに不信感を抱くでしょう。子どもは賢いので、

「前の先生はこうだったけど」

なんて自分たちに都合のいいことを平気で言います。そのときに、

「ああ、じゃあ、そうしよう」

なんて、子どもの言いなりになってしまってはおしまいです。子どもたちはほかのことでも自分たちの思い通りにルールをつくろうとします。一度そうなってしまったら、学級崩壊への道をまっしぐらです。

給食だけではありません。「宿題は?」「掃除は?」「帰りの会は?」「授業中は?」などなど、教師の方であらかじめ決めておかないといけないことは山のようにあります。1日の流れをシミュレーションしてみるといいですね。そしてその流れにそって、場面ごとに「下駄箱にはかかとをそろえて入れさせる」「朝、教室に入るときには自分から大きな声であいさつさせる」など、さらに

細かく具体的に作戦を立て、子どもたちが学級で1日迷うことなく過ごせるようにルールを決めておきましょう。

出会いまでに子どもの名前を覚えてしまう

担任する学級が決まったら、始業式までに子どもの名前は全部覚えてしまいます。

早く名前を覚えると、子どもたちが「もう覚えてくれたの!?」とうれしくなるからです。また、「この先生、すごい!」と信頼を勝ち得ることもできるからです。

できれば、前年度の子どもの写真を入手し、顔を見ながら覚えるといいですね。新年度の準備では、名前を書いたり、氏名印を押したりする機会が多いものです。そのとき、必ずフルネームを声に出しながら作業します。すると、けっこう名前が頭に入ってくるものです。

子どもの席は、最初は出席番号順に座らせるといいでしょう。子どもたちには、

「当分の間、出席番号順に座ります。みんなの顔と名前を早く完全に覚えたいからね」

と説明しておきます。

そして、新学期初口に出席をとるとき、名簿を見ずに出席番号順にすべての子どもの名前を呼ぶのです。子どもたちが驚き、新しい担任への信頼感が一気に高まるのはまちがいありません。

「1」の時間——新学期初日①

「1」の時間は、子どもたちとの出会いの日。子どもにとっても教師にとっても、まさにドキドキワクワクの1日です。子どもの心をがっちりつかんで「1年間が楽しみ！」になるスタートを。

自己紹介では「歌」を歌う

新学期初日は「1」の時間です。「1」の時間にすることは、2つあります。

・1つめ…子どもの心を「わしづかみ」にする。
・2つめ…とにかく子どもを「ほめまくる」。

「1」の時間では、とにかく子どもたちに「この先生でよかった」と強く思わせることが大切です。

新年度の初日には、始業式の前に着任式が行われます。全校児童が集まり、そこで新しく赴任した先生が紹介されるのです。ひとりずつ自己紹介をする学校が多いのではないかと思います。

私は新しく赴任した学校の着任式では、自己紹介のときに必ず歌を歌うことにしています。

「せっかくマイクをもたせていただいたので、歌を歌いたいと思います。♪チョウチョ〜♪　チョウチョ〜♪　菜の葉にとまれ〜♪　菜の葉にあいたら〜♪　桜にとま〜れ〜♪」

ここで歌を止め、次のように問いかけます。

「さて、ここで問題です。本当にチョウチョは桜の花にとまるのでしょうか？　そんなことをいっしょに勉強していきたいと思います。中村健一で

す。よろしくお願いします」

これで自己紹介は終わりです。〈伴一孝・TOSS長崎著『初めて教壇に立つあなたへ　ウルトラ教師学入門』〈明治図書〉を参考にさせていただきました〉

歌を歌うのは相当にインパクトがあるようです。子どもたちは耳を押さえながらも笑顔で聞いてくれます。そして「この先生、おもしろい！」という印象をもつようです。

「5年1組の担任は、……中村健一先生です」

「やったー！」

初対面の私に子どもたちからこんな歓声があがります。出会いはインパクトが大事なのです。

教室に入るときにも楽しい演出を！

初めて教室に入るときにも、子どもたちの心をわしづかみにする演出をします。

いちばん簡単なのは、こけることです。こけるだけで子どもたちは大爆笑。まちがいなく子どもたちの心をつかめます。

また、教室に入ったときに、ハテナ顔をすることもあります。

「おかしいな……。せっかく初めて教室に入ってきたのに、拍手がない。では、やり直すか。次、中村先生が教室に入ってきたら、拍手で迎えてよ」

こう言って、拍手の練習をします。

「じゃあ、拍手の練習をしておこうね。拍手のポイントは『強く』『細かく』『元気よく』です。では、拍手〜！」

若手芸人がする前説のように明るいトーンで言

います。すると、拍手の音で教室の空気が温かくなります。

　私は教室からいったん出ます。そして、もう一度教室に入ります。すると、子どもたちは大きな拍手で迎えてくれます。しかも、ものすごい笑顔でです。教室はさらに温かくなります。

好きなものを3つ、きらいなものは好きなものを言え!

　教室に入ったら、自己紹介をします。

「みなさんの担任になった中村健一です。サンフレッチェ広島と広島カープとラーメンが大好きです。でも、ピーマンがちょっと苦手です」

　まずは、「好きなものを3つ」言うのがポイントです。子どもたちは、先生と好きなものがいっしょだとうれしくなるもの。また、話しかけたくなるもの。

「サンフレッチェ好きなの?　誰が好き?」と、休み時間には多くの子どもが話しかけに来ます。ちなみに、バカ正直に本当に好きなものを言う必要はありません。たとえば、学級の「やんちゃ君」が大のジャイアンツファンだったとしましょう。そうしたら、私は「ジャイアンツが好き」と言うかもしれません。どんな手を使ってでも、味方にしたい子どもが学級にはいます。その子の情報は早めに手に入れて、その子の好きなものを「3つ」の中に入れておくのがおすすめです。

　ちなみに私は「きらいなもの」も、本当にきらいなものは言いません。たとえば私はピーマンが大好きです。それでも「きらいだ」と言っておく

のです。そうしておけば、給食にピーマンが出たとき、きらいなものでも我慢して食べる姿を演じることができます。これ、おすすめです。

楽しいネタの連発で心をつかめ！

新学期初日は忙しいものです。きちんと段取りをしておかないと、教科書やプリントを配るだけで1日が終わってしまうなんてことに……。それでは、子どもたちの心はつかめない。

だから私は初日は分刻みでスケジュールを立て、できるだけ多くの隙間の時間を確保するようにしています。そして、その隙間の時間に5分以内でできるミニゲームをたくさんします。

私は1000ぐらいのゲームを知っていますからね。やはり、数は力です。みなさんもできるだけ多くのネタを手に入れておくとよいでしょう。拙著『子どもも先生も思いっきり笑える73のネタ大放出！』〈黎明書房〉などのネタ本を買い、多くのネタを手に入れてください。特におすすめの「鉄板」ミニゲームは49・50ページで紹介しましたから、試してみてくださいね。

ちなみに、若手教師のみなさんは本代をけちってては絶対にダメです。自分への投資だと思って、どんどん買って読むべきです。本を買って学び続ける教師と学ばない教師。20年後の差は明らかです。ぜひ、子どもたちのためにも、自分のためにも「学び続ける教師」になってください。

「1」の時間——新学期初日②

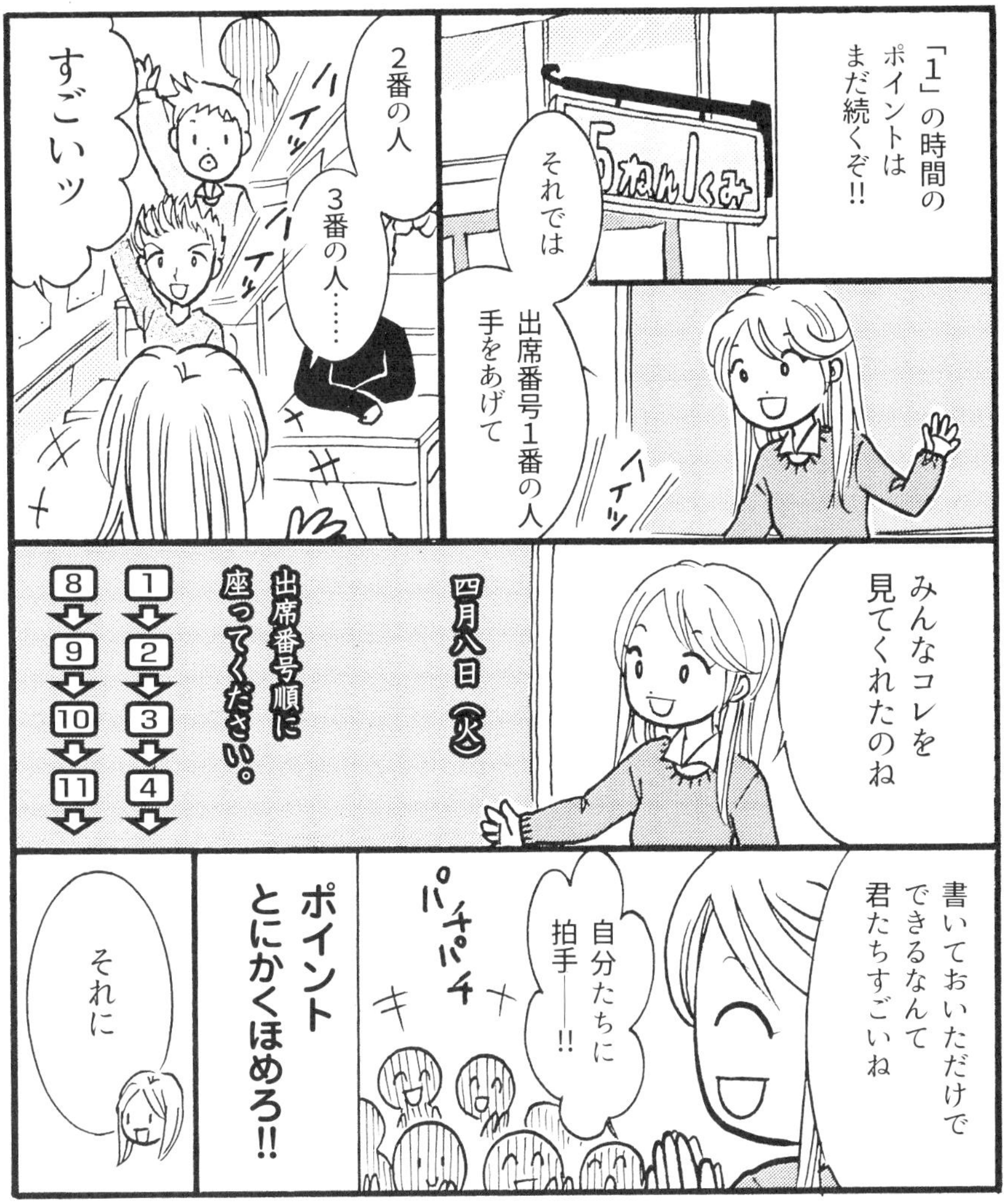

子どもはほめてくれる先生が大好きです。新しい先生になって緊張している子どもたちのよいところをどんどん見つけてほめまくり、「この先生でよかった！」とほっとさせてあげたいですね。

子どもをほめる仕掛けは「始業式」から

「1」の時間にするもう1つのことは、子どもたちをとにかく「ほめまくる」ことです。

子どもは自分のよさを認め、ほめてくれる教師を信頼します。初日はどんな小さなことでも、とにかくたくさんほめまくり、子どもたちの信頼を勝ち得ることが必要です。

実は、子どもたちをほめるための仕掛けは始業式から始まっているのです。

毎年、私は始業式が始まる前に学級通信の第2号までをほとんど書き上げています。（ちなみに第1号は私の自己紹介と学級経営の方針です）第2号は、始業式についての記事です。

始業式、高学年としてふるまいました

5年生は、高学年です。始業式など全校が集まる場面では、高学年としてふるまい、全校のお手本にならないといけません。

4月8日（火）に行われた始業式でも、さっそく高学年としてふるまおうとがんばる5年1組の子どもたちの姿がありました。

特に印象に残っているのは、（　　）のキレイな体育座りです。座っているだけで全校のお手本になっていました。

（　　）がしっかりと顔をあげ、話を聞く姿もお手本でした。一度も目線が落ちることがないのがすごいです。

（　　）は、指先までピシッと伸ばしたすばらしい「気をつけ」ができていました。

5年生は、高学年です。この調子で高学年としてふるまい、全校のお手本になってくださいね。

私は、担任発表の前から始業式での子どもたちの様子をコソッとチェックしています。そして、名札や上靴で名前を確認し、学級通信の（　）に当てはまる子の名前を数名ずつメモしていったのです。先にほめる視点を決めて子どもたちを見るので、よい点が見つかりやすいです。

学級通信は最強の武器。どんどん発行しよう

学級通信は子どもたちに読み聞かせるといいですね。読み聞かせることで、まず友だちの前でほめられます。また、家にもって帰れば、お母さん、お父さん、おばあちゃん、おじいちゃんまで読んでくださるかもしれません。「学級通信でほめることは、大勢の人の前でほめること」なのです。口でほめる100倍の効果です。ぜひ、学級通信をどんどん発行して、子どもたちをどんどんほめてください。

遊び心ある「ほめる仕掛け」を

新学期初日、子どもたちはクラス替えの名簿に従って教室に入ってきます。そのときには担任が誰なのか、子どもたちはまだ知りません。

そこで、私は始業式前日、同僚の女の先生にお願いして、黒板にメッセージを書いてもらっています。

教室の黒板に女の先生の顔と「楽しいクラスにしたいわ♡　出席番号順に座っておいてね♡」というコメントを書いてもらいます。ハートマークも忘れません。

子どもたちは素直です。この絵とコメントを見て、思うようです。「このクラスの担任は女の先生だな」と。そして、始業式での校長先生の担任発表。

「5年1組……中村健一先生」

「えっ!?　男!?」

子どもたちの驚く表情がたまりません。そして、始業式のあと、子どもたちが、

「俺、絶対、女の先生だと思ってた!」

と笑顔で言いに来ます。これでツカミはOK。

新学期初日の子どもたちはがんばるものです。メッセージ通りにまちがいなく出席番号順に座っています。これもほめる仕掛けです。

「『出席番号順に座って』って書いといたけど、書いてただけじゃできないよなあ。1番、手をあげて。2番、3番……33番!　えっ!?　すごい!　書いておいただけでできるとは思わなかった。君たち、すごいね!　5年1組は、すごいクラスになりそうだなあ。すばらしい自分たちに拍手～!」

子どもたちはうれしそうに拍手します。

ちなみに、ほめるときのポイントは、驚くことです。「えっ!? すごっ!?」と驚いてあげると、子どもたちは喜びます。また、驚くとわざとらしくなりません。

「やんちゃ君」は意図的にほめる

とにかく気づいたよい点は、どんどん口に出してほめることが大事です。

拙著『策略―ブラック学級づくり 子どもの心を奪う! クラス担任術』〈明治図書〉にお気に入りの名言があります。

> リスク0、しかも、コストも0の「褒める」という武器はどんどん使うに限る。使わないのは、もったいない。(98ページより)

特に「やんちゃ君」など、気になる子はどんどんほめるといいですね。

「やんちゃ君」にはほめられ慣れていない子が多くいます。そのため、ほめるという武器は、「やんちゃ君」に実に有効に働きます。

とにかく新学期初日から、ほめてほめてほめまくりましょう。

子どもたちは自分のよさを認め、ほめてくれる教師を信頼するのです。

「3」の時間——新学期3日目まで①

「3」の時間では、学級の柱となる3つのルールを決めましょう。ポイントは「『合い言葉』で徹底させる」と、「『フリ』には『フォロー』を忘れない」です。

「当たり前」のことを「当たり前」にさせる

新学期初日から3日目までが「3」の時間です。「3」の時間にすることは2つあります。

・1つめ…学級の柱となる「3つのルール」を決める。
・2つめ…「叱《しか》るパフォーマンス」をする。

1つめは、学級の柱となるルールを3つ決めてしまうことです。柱となるルールと言っても、そんなに難しいことではありません。「当たり前」のことを「当たり前」にさせるルールでいいのです。

たとえば、掃除です。掃除だけ一所懸命やって、教室に戻ると授業はグチャグチャ。そんな学級は想像できないですよね。掃除を全力でできる学級は、やはりよい学級です。授業にもほかのことにも、全力で取り組むに決まっています。だから、「当たり前」のことを「当たり前」にさせるルールが非常に大事なのです。

柱となるルールは「3つ」に絞る

学校に来てから、帰るまで。学級にはたくさんのルールが存在します。ルールがないと、子ども

たちが迷わずに1日を過ごすことができませんからね。

　しかし、学級の柱となるルールは「3つ」に絞る必要があります。そうでないと、子どもたちに徹底できないからです。子どもたちがしっかりと覚えられるのは、「3つ」が限界だと思います。

　私の場合は「掃除」「給食」「あいさつ」の3つに絞って、子どもたちに徹底しています。

　たとえば、最初に掃除に行く前、子どもたちにこう言ってルールを伝えます。

「中村先生は、『当たり前』のことは『当たり前』にさせます。まずは、掃除。掃除は全力でしてもらいます。君たち高学年が真面目に掃除できないようでは困る。それを見た下の学年がまねをするからね。まずは、最低レベルからいくよ。掃除中は『おしゃべり禁止』。守れない人は、高学年として恥ずかしいから、教室に隠れててもらうからね」

　このようにルールを宣言してから、掃除に行かせます。

「合い言葉」にして徹底する

　宣言したあとは、「合い言葉」をつくるといいでしょう。私の学級では、私が「掃除は？」と聞けば、子どもたちは全員で「まずは、黙って！」と声をそろえて返してきます。

　これをしつこく、しつこくくりかえします。

　すると、私が「掃除は？」と聞くと、子どもたちは反射的に「まずは、黙って！」と答えるようになります。では、私の学級の柱となる3つのルールの「合い言葉」を紹介しましょう。

掃除
「掃除は？」（教師）
「まずは、黙って！」（子どもたち）

給食
「準備は？」（教師）
「10分以内！」（子どもたち）
「感謝の心で？」（教師）
「残菜0《ゼロ》！」（子どもたち）
「時間内に？」（教師）
「完食する！」（子どもたち）

あいさつ
「あいさつは？」（教師）
「自分から大きな声で！」（子どもたち）

「合い言葉」にすると、内容を端的にせざるを得ません。だから、子どもたちはルールの内容がよくわかり、動きやすくなります。

「フリ」には「フォロー」を忘れない

さらに掃除を例に説明します。

「掃除は？」

「まずは、黙って！」

と「合い言葉」を確認し、掃除に向かわせます。これで子どもたちへの「フリ」が成立します。

子どもたちは、教師の期待に応えようとがんばってくれることでしょう。特に新学期最初の子どもたちは、よい子です。まずまちがいなく黙って掃除をがんばります。

それなのに、教師がそのがんばりをほめなかっ

たらどうでしょう。子どもたちは、

「せっかくがんばったのに、ほめてもくれない」

と思うでしょう。

　または、万が一おしゃべりしている子がいたのに、叱らなかったらどうでしょう。子どもたちは、

「がんばらなくても、先生は叱らない。がんばらなくても、大丈夫だ」

と思うはずです。

　こうなると、子どもたちは、掃除以外の場面でもどんどんがんばらなくなってしまいます。

　でも、そうなっても仕方ないですね。教師自身が自分の指導で子どもたちに「サボってもいいんだ」と教えてしまっているのですから。

　そうならないためには、「フリ」に対して、しっかり「フォロー」する必要があります。

　「フォロー」と言っても難しいことではありません。要は「ほめる」か「叱る」かだけです。

「掃除は？」「まずは、黙って！」とフッているのだから、黙ってがんばっている子はほめます。おしゃべりしている子は叱って、宣言通り掃除を見学させます。これだけのことです。

　きちんとした学級をつくっておけば、その子は掃除を見学している状況に耐えられるわけがありません。みんながんばって掃除しているのに、自分だけ働かずに立っている。そんな状況は屈辱ですからね。

「先生、もう絶対にしゃべらないので掃除をさせてください」

　その子はきっと謝りに来るでしょう。その場ですぐに許すのは考えものです。でもどこかのタイ

ミングでチャンスをあげるのが教育的ですね。子どもたちは、失敗しながら成長していくものだからです。

私の学校では、昼休みのあと、掃除をしてから5時間目が始まります。そこで、5時間目の最初に次のようにしています。

「全員、起立！ 掃除は？」

「まずは、黙って！」

「黙ってできた人、座る」

全員が座ることができれば、

「すごい！ 全員黙ってできてる！ 5年1組は掃除上手なクラスだね。たいしたものだ。すばらしい5年1組に拍手～！」

とほめます。ただ、本当はしゃべっていても座る子もいますからね。

「中村先生はずっと見ているわけではないから、君たちが本当にしゃべっていないかどうかはわからない。でも、友だちは見ているからね。友だちに嘘つきだと思われるのがいちばんつらいことだからね」

こんな話をして指導のスキをなくします。

子どもたちのやる気を引き出す「掃除免許制」

私の学級では、掃除は免許制にしています。これは親友・土作彰氏のアイディアです。土作氏は小論文まで書かせるそうですが、私はそこまではしません。

私は毎日、すべての掃除場所をグルグルと回って、一人ひとりを評価しています。そして、その評価をもとに、1カ月半ぐらいに1回、掃除免許

を交付しています。

・**1級清掃士**…ものすごいスピードで働いて運動量が多く、隅々まで掃除できる人。トイレ掃除の資格アリ。ほかの学年のお手本となる。

・**2級清掃士**…手を休めず常に働くことができる人。教室以外の掃除をする資格アリ。ほかの学年に見られても恥ずかしくない掃除をする。

・**3級清掃士**…最低限の条件「黙って」掃除ができる人。教室掃除の資格アリ。

「1級清掃士」は、名札の裏に「1」と書いた光輝くシールを貼ることができます。その「証」を胸に誇りをもって掃除をします。また、掃除場所は「1級清掃士」から順番に決めていきます。

黙って掃除できない人には、掃除免許は交付されません。教室でほかの人の掃除を見学して勉強します。もちろん、「1級清掃士」であっても、一度でもおしゃべりしてしまった人は、免許剥奪《はくだつ》です。

こういうちょっと遊び心のあるシステムをつくっておくと、子どもたちは意欲的に掃除に取り組みます。「真面目に掃除しなさい!」なんて叱る必要が一切なくなるのです。

「3」の時間——新学期3日目まで②

ミニゲームや「ほめまくり」で楽しくスタートした学級に、あえて「叱るパフォーマンス」を！実は、子どもたちは厳しい先生がきらいではありません。

子どもたちは厳しい先生がきらいではない

新学期初日から3日目までの「3」の時間。「3」の時間にしておくことのもう1つは、「叱るパフォーマンス」です。学級全体に対して「怒鳴る」ことで、子どもたちに教師の厳しい一面を見せておきます。

最初に言っておきますが、ふだんは「怒鳴る」のは最終手段です。いつも怒鳴っていては効果がありません。「3」の時間だからこその「あえて」のパフォーマンスです。

若手教師は誤解しがちですが、実は子どもたちは、厳しい先生がきらいではありません。

それなのに、子どもを叱れない若手教師が多くいます。理由は「子どもたちにきらわれるのが怖いから」。最初は無理ないこととも思いますが、なんとも情けない話。プロ失格ですね。

また、その考えは大きくまちがっています。私の経験上、厳しく叱れない教師こそ、まちがいなく子どもたちからきらわれます。

子どもたちは見ています。この先生は、自分がいじめにあったとき、いじめた子を厳しく叱っていじめをやめさせてくれるのかどうかを。

子どもたちは見ています。この先生は、一部の

「やんちゃ君」たちが授業を妨害しはじめたとき、厳しく叱って授業妨害をやめさせてくれるのかどうかを。

誰だって、いじめで傷つきたいと思っていません。誰だって、崩壊学級で1年を過ごしたいと思っていません。

教師に安定した学級をつくってもらい、安心して学校生活を送りたいと思っているのです。

子どもたちは教室に秩序をつくれないリーダーを信用しません。優しいだけの教師をリーダーとしては認めないのです。

教師をリーダーとして認めなければ、「自分が代わりにリーダーになろう」とする子どもが出てくるかもしれません。そうなると、まちがいなく学級崩壊です。

「子どもたちは厳しい先生がきらいではない」。このことは肝に銘じておいてくださいね。

あとでギュウギュウ⬇子どもたちは猛反発

教師がずっと叱らずに甘く優しくしていると、当たり前ですが学級は荒れていきます。

4月中ずっと優しくしておいて、ゴールデンウイーク明けぐらいににっちもさっちもいかなくなって、いきなり厳しくする教師がいます。

これが、いちばんマズイ！　子どもたちが「裏切られた」と思うからです。

そりゃそうです。あまり細かいことを言わない、教職員に優しい校長がいたとしましょう。その校長がいきなりガミガミと細かいことを言い出したら……、私たち教師だって、「裏切られた」

最初は
席替えは教師が
決めると思わせる
席は
出席番号順です
はーーい
学級が育ってから
「クジ」や「自由」に
すると
たまにはクジにしよう
「この先生
話せる!」と
子どもは思う
やったあっ
順番に
注意ですね
先に甘やかしてはイケナイ…
でも
新学期の最初から
叱ったり
厳しくして
子どもたちに
きらわれないで
しょうか?
それはちがうぞ
音無!!
しゅ
ばっ

と思うはずです。そして、「今更、何?」と反発もするでしょう。

これは、子どもたちだって同じです。ずっと甘く優しくされていて、突然厳しい指導をされたら、「裏切られた」と思います。そして、反発したくもなります。

たとえば、席替えです。若手は最初、席替えは教師が決めるものと思わせておいた方がいい。そして、学級が育ってきたら、「クジ引き」や「お見合い」「自由」なんて方法を取り入れていけばいいのです。

この順番を絶対にまちがってはいけません。

先に自由に席を決めさせておいて、あとから教師が決めると言い出すと、子どもたちは反発します。逆に席は教師が決めるものだと思わせておいて、あとから自由にすると、子どもたちは喜びます。そして、「この先生、話せる!」と思います。

最初は自由度を極力下げて、ギュウギュウにしておけばいいのです。自由度を上げるのは、あとでいつだってできます。

逆にあとから自由度を下げるのは難しい。子どもたちの反感を買うだけです。

だから、できるだけ早く、叱るパフォーマンスで教師の厳しい面を見せておく必要があるのです。

叱るパフォーマンスのチャンスは必ず来る

若手教師の教室では、すぐに叱るパフォーマンスのチャンスが訪れます。

たとえば、楽しいミニゲームをしたあとです。最初の1・2日目は、子どもたちはよい子です。

楽しいミニゲームをしたあとも、サッと静かになることでしょう。しかし、3日目には、気がゆるみます。楽しいミニゲームをしたあと、ザワザワがおさまらないときがあるのです。

そんなとき、私は学級全体に向かって、

「うるさい！　黙れ!!」

と叫びます。私はあえて「黙れ！」と言うのです。一瞬で学級がシーンとなる迫力をもってです。言葉はちがって構いません。乱暴な言葉を使いたくなかったら「静かにしなさい!!」でもいいでしょう。ただし迫力は必要です。

一瞬で学級がシーンとなるぐらいの迫力のある叱り方ができなければ、学級はなり立ちません。教師はプロですからね。プロとして、そのぐらいの迫力は演じられないとマズイです。

ちなみに、このときのポイントは「学級全体」を叱ることです。

今どきの子どもたちは、プライドが高く、叱られ慣れていません。みんなの前で「個人」を叱ることは極力さけた方がいいでしょう。個人を叱るのは信頼関係ができたあと。また、「叱られ役（叱っても教師に背を向けない男子。叱るけれど、この子のことは全力でかわいがる）」に適していると、子どもの個性の把握ができたあとです。

また、特に注意したいのは「高学年女子」。〝レディ〟である「高学年女子」をみんなの前で叱るとゲームオーバーだと思ってください。

「やんちゃ君」もみんなの前で叱らない方がいいでしょう。「やんちゃ君」には、叱るとスネて反抗的になる子が多いです。叱るべきは「やん

ちゃ君」のまわりの子ですね。まわりを叱ることで「やんちゃ君」にアピールするのです。

怒鳴って学級がシーンとなったら説明です。

「先生は楽しいクラスにしようと思って、ゲームをしたんだ。それなのに、いつまでもザワザワしていては困る。盛り上がるときは盛り上がるけど、静かにするときは、サッと静かにする。そういう切り替えができないと、楽しいことが一切できない」

3日目までの子どもたちは、まだまだよい子です。シーンとなりさえすれば、教師の説明をしっかり聞いてくれることでしょう。

厳しく叱るのと同時の「笑い」は効果大

子どもたちは、教室に秩序を求め、安心して暮らしたいと思っていると書きました。

しかし、今どきの子どもたちは、秩序があるだけでは納得しません。同時に「楽しさ」も求めます。つまり教師に「安心して暮らさせてほしい」と思うのと同時に「楽しく暮らさせてほしい」と思っているのです。

まったく、これからの教師は大変です。でも子どもの期待に応えなければ学級はなり立ちませんからね。

叱るパフォーマンスをして、説明をしたあと、私ならこう続けるでしょう。

「5年1組は、切り替えが素早いクラスにするよ。では、練習。盛り上がってごらん」

こう言って、ザワザワするように言います。子どもたちは戸惑います。しかし、ワーワー言って

盛り上がっている子を、

「すごく盛り上がってるね。○○君、うまい!!」とほめれば、ほかの子も遠慮なくザワザワするようになります。そこで、

「はい、では、シーン。落ち着いた雰囲気をつくります」

こう言うと、子どもたちは黙り、姿勢よく座ります。

「では、盛り上がり!」

「では、シーン!」

くりかえし行うと、子どもたちは笑顔になります。楽しみながらこの切り替えの練習をするのです。

しかも、この練習、切り替えだけを教えているのではありません。盛り上がるときと落ち着いたときの切り替えが「表」の目的だとしたら、「裏」の目的があるのです。

それは、「教師の指示が通るようにする」ことです。教師が「盛り上がり!」と言えば、子どもたちは盛り上がります。「シーン!」と言えば、みんな姿勢よく座ります。

この「裏」の目的は、子どもたちに伝える必要はありません。しかし、教師は意識しておいた方がいいと思います。

「7」の時間——新学期7日目まで

子どもたちが迷うことなく、安心して1日を過ごせるように、「7」の時間のうちに学級のルールをすべて決めてしまいましょう。ポイントは「ルーティン」にあり!

1日に必要なルールをすべて教える

新学期初日から7日目までが「7」の時間。「7」の時間で必要なのは、1日のルールをすべて決めて子どもたちに教えることです。

子どもたちが学校に来てから、帰るまで。学級にはたくさんのルールが存在します。

それらのルールをすべて「7」の時間で教えてしまいます。

たとえば、私の学級では朝イチから次のようなルールが存在します。

- 学校に来たら、かかとをそろえて靴を下駄箱に入れる。
- 教室に入るときには、自分から大きな声で先生にあいさつする。
- 最初にランドセルから漢字ノートを出して、いちばんに提出する。(私が職員朝会までにノートのチェックを終わらせるため)
- 集金があれば、必ず先生に手渡しする。
- 自主勉強ノートと日記帳、プリントはオルガンの上に出す。
- ほかの提出物は、黒板に書いてある指示通

翌朝
市立
青空小学
わあ、みんな
さすがね！
黒板に書いただけで
やってある
ん？
ぼーーっ
黒板を見て
やってごらん
ハッ
ガッ
ガリガッ
早川《はやかわ》君は
なんだか不機嫌？
……でも
作業は
速いわ

り、箱に分けて入れる。そのとき、名簿に○をする。

・提出物をすべて出し終わったら、ランドセルをロッカーに入れる。トイレなどは、そのあとで行く。

・係は窓を開ける。日直は黒板に今日の日課を書く。

・8時10分までに、席に着く。着いていなければ、遅刻。

・朝自習は、黙って座ってする。

などなど。自分でも書き出してみて驚きました。今思いつくだけでも、これだけの数です。驚くほど学級のルールの数は多いですね。

さらに「朝の会は？」「健康観察は？」……と、1時間目が始まる前だけでも、まだまだ多くのルールを決めなければなりません。

朝のスタートダッシュを大事にする

いろいろなルールがあるなかで、いちばん大切なのは、朝のルールかもしれません。

最近の子どもたちは、学校外の問題を教室にそのままもち込みます。極端な寝不足でぼーっとしていたり、家庭でのトラブルでイライラしていたり。今の子どもの置かれた状況からみて無理のない面がありますが、なかなか教室で学ぶ姿になってはくれません。家庭での「子ども」から学校での「児童」にすぐに切り替えることが難しいのです。

もう④までやったのね すごいわ
いいぞ 音無!!
ぴょこっ
今のふたりのように 子どもたちは 家での寝不足やイライラを 教室にもち込む
なかなか学ぶ姿になって くれないのだ
そこで
毎日のルーティンを こなすことによって
ただの 「子ども」から
学校での「児童」に 切り替えるんだ

そこで、私は朝のスケジュールをほとんど固定しています。毎日ほぼ同じ流れをくりかえすのです。くりかえすと、それが自然な流れとして身につきます。体が覚えてしまうのです。

自然にその流れをこなしていくなかで、「子ども」は学ぶ姿の「児童」になっていきます。

さらに私は、前日の放課後、黒板に次のような段取りを書いておきます。

毎日ほぼ同じ流れですが、黒板に書いておくと、子どもたちが動きやすいからです。

①漢字ノート、集金出す。
②計ドノート、自主勉、日記帳出す。
③ランドセルしまう。
④計スキの④やる。赤で丸付け、直しも。
　※ていねいに。もちろん、やり直しアリ。
　⬅開いて出す。
⑤だまって読書。

先ほど書いたように、朝はなかなかエンジンのかからない子どもが多いです。動き出さない子がいれば、

「黒板を見て動くんだよ」

と声をかけます。すると、子どもたちは動き始めます。

また、途中で動きをやめてしまった子には、

「何番までできた？　えっ!?　もう②番!?　すごいじゃん。じゃあ、③をやろうね」

1日のルールはたくさんある
特に朝のルールのポイントは「スタートダッシュが命」だ
そうじは黙って!
おかわりは
1日のルールは山ほどあるぞ
「7」の時間ですべて決め、子どもたちに教えるんだ
どんなルールにするかは音無の作戦にかかってるぞ
ハイッ、今日は作戦会議ですね
えっ
先生ー何か言ったー?
ひ…ひとり言よー

と声をかけます。すると、子どもたちはやる気が出て動き出します。

朝のスタートダッシュを早くしておくと、あとの時間が有効に使えます。朝自習の時間までダラダラとおしゃべりして過ごす学級もあるでしょう。でも、私の学級では教室に来て、すぐに①からスタートです。

朝以外にもさまざまなルールがある

朝のルールを中心に紹介しました。しかし、当たり前ですが、学校は朝だけではありません。当然、朝以外にもさまざまなルールが存在します。「日直は?」「係は?」「休み時間は?」「帰りの会は?」それこそ、授業中のルールを含めると、数え切れないほどです。

それでも、山のようにたくさんあるルールを「7」の時間の1週間で子どもたちに教えなければなりません。子どもたちが迷うことなく、1日を安心して過ごせるようにする必要があるからです。

教師にとっては本当に大変なことですが、「7」の時間でルールを決めてしまわないと、学級はなかなか軌道に乗りません。

しっかりと作戦を立ててルールを決め、「7」の時間までに子どもたちが学校で1日をどう過ごすのかを教えてください。

「30」の時間——新学期30日目まで

学級づくりは4月がすべて。〝サボりの天才〟の子どもたちには、教師の「譲らない、ブレない指導」が必要です。「30」の時間の粘り強い指導で学級を軌道に乗せましょう。

くりかえし、しつこく指導する

新学期初日から30日目までが「30」の時間です。「30」の時間では、「3」の時間や「7」の時間で決めたルールを徹底します。

これまで「0」「1」「3」「7」の時間について述べてきましたが、実はこの「30」の時間が最も大切な時間です。

「3」の時間や「7」の時間で決めただけで、子どもたちが学級のルールを守れるはずがありません。「30」の時間でくりかえし、しつこく指導して、徹底する必要があるのです。

放っておくと、子どもたちは楽な方に楽な方に流れてしまいますからね。「子どもたちは〝サボりの天才〟である」とは、親友・土作彰氏の言葉です。これ、その通り。放っておくと、掃除中にしゃべったり、下駄箱に靴をそろえずに入れたり、いろんなことができなくなってしまいます。しかし、それを許してはいけません。あきらめず、しつこく、くりかえし指導します。決めたルールを貫徹することが大切です。

くりかえし指導し、それを「当たり前」にしてしまいます。掃除を黙ってするのが「当たり前」。下駄箱にかかとをそろえて入れるのが「当たり

前」。我々教師の仕事は、「当たり前」を増やしていくことなのです。

「やり直し」が大事

たとえば、教室移動です。私の学級では、
「教室移動は?」(教師)
「黙って! 並んで!」(子どもたち)
というルールがあります。

4月の教室移動の前には、必ず「合い言葉」を言って、ルールを確認します。そして、移動したあとは、必ずフォローです。

「全員、起立。教室移動は?」
「黙って! 並んで!」
「黙って、並んで教室移動できた人、座る」

新学期最初の子どもたちはがんばるものです。学級全員が座れることが多いでしょう。そんなときは、

「すごい! もう教室移動がバッチリできるようになった。5年1組は本当にすばらしいクラスだね。すばらしい自分たちに拍手〜」

と言って思いっきりほめます。

逆に、座れない子どもがいれば、当然、「やり直し」を命じます。この「やり直し」が非常に大事です。できていない状態を絶対にスルーしてはいけません。一度でもスルーしてしまうと、〝サボりの天才〟である子どもたちは思うのです。

「ちゃんとやらなくても大丈夫だ」と。

そんなことを思わせないためにも、できていなければ、必ず「やり直し」です。

時間がとられて大変なこともありますが、そこ

できなかった人は最初からやり直し
座れた子たち ちょっとだけ 待ってあげてね
「ちゃんとやらなくても大丈夫」と思わせないためにも
ポイントは「やり直しをさせてブレない先生になる」だ
はい
では全員そろいましたね 実験の準備を進めてください
その間に
音無はこのシートでチェックだぞ
朝自習は黙って、座って行っているか?
自分から大きな声であいさつしているか?
?
こ
これは……

は絶対に譲らない。あきらめず、しつこく、くりかえし「やり直し」させるのです。これが、貫徹するということです。

怖い先生とは、怒鳴る先生ではありません。子どもたちは、譲らない、ブレない先生が怖いのです。

教師自身の「振り返り」が重要

「30」の時間では、自分の立てた作戦がうまくいっているのかどうか、教師自身が「振り返り」をすることも大切です。

今の現場は非常に厳しいです。いろんな子どもたちがいます。すべての子どもに通用する万能な教育技術なんて、今は存在しません。

だから、「作戦を子どもたちに試す⬇子どもたちの様子を見る⬇子どもたちの事実をもとに作戦を立て直す」というサイクルが大事になります。「振り返り」は、これからの教師にとって、いちばん大切な技能かもしれません。

まず、自分の立てた作戦がうまくいっているか、作戦チェックシートをつくります。たとえば、次のようなものです。

①朝自習は黙って、座って行っているか?
②自分から大きな声であいさつしているか?
③指先まで伸ばして手をあげているか?
〜
[10項目ほど書き出す]

そして、◎（完璧）○（できている）△（でき

るときとできないときがある）×（できていない）など、項目ごとに自己採点し「振り返り」をするのです。

私は方法にこだわりません。結果がすべてです。子どもたちができるようになっていれば、よい方法。できていなければ、悪い方法です。

よい方法は続け、悪い方法はやめます。

こうやって「振り返り」をしながら作戦を立て直し、学級を鍛えていくことが大切なのです。

「30」の時間までは絶対に手を抜かない

「30」の時間で学級が軌道に乗るまでは、絶対に学級づくりに手を抜いてはダメです。

軌道に乗ってしまえば、少々の失敗や抜けが許されるようになります。しかし、「30」の時間までは絶対に許されません。とにかくがんばるしかないですね。

私も体や心がキツくても、毎年「30」の時間までは全力で学級づくりをしています。そうすれば、ルールが定着して子どもが鍛えられます。子どもが自ら動けるようになれば、教師の仕事も減っていきます。叱ってばかりで子どもも先生もうれしくない学級にはなりません。

「30」の時間までの死ぬ気のがんばりは、残り11カ月を子どもたちと楽に楽しく過ごすための投資なのです。

「30」の時間までは、毎日、1日の細かなスケジュールを立て、失敗なく、抜けなく過ごすことが必要です。ぜひ、死ぬ気でがんばってください。私も死ぬ気でがんばります。

妖精・中村のハウツーコーナー

鉄板ミニゲーム

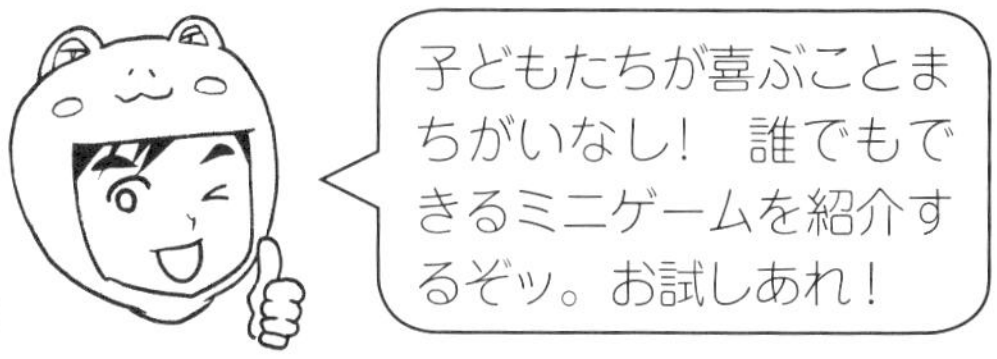
子どもたちが喜ぶことまちがいなし！　誰でもできるミニゲームを紹介するぞッ。お試しあれ！

●鼻下注意の命令ゲーム

①クラス全員が立つ。そして，鼻の下に1本の鉛筆を挟む。

②教師は「両手をあげます」「両手を激しく振ります」「10回ジャンプ」などの命令を出す。子どもたちは命令に従って動く。

③鼻の下から鉛筆が落ちたら，アウト。座っていく。

④最後は，残っている子に，ひとりずつ順番に早口言葉を言ってもらう。鉛筆が落ちないように耐えながら早口言葉を言う姿は最高のくだらなさである。

●頭上注意の命令ゲーム

①クラス全員が立つ。そして，頭の上に教科書をのせる。

②教師は「1回回ります」「しゃがみます」「一気に立ちます」「先生のまねをして踊ります」などの命令を出す。子どもたちは命令に従って動く。

③頭の上から教科書が落ちたら，アウト。座っていく。

④最後は，残った子同士で「にらめっこ」や「くすぐり合い」をする。その姿に大爆笑が起きる。

次，立って踊ります
DOG

妖精・中村のハウツーコーナー

鉄板ミニゲーム

●だるまさんが転んだ転ばない

①普通の「だるまさんが転んだ」と同じように，子どもたちはスタートラインに並ぶ。教師は，オニ。オニの位置に立つ。

②教師が「だるまさんが転んだ」と言ったら，子どもたちは転ぶ。転んでいない人は，アウト。

③教師が「だるまさんが転ばない」と言ったら，子どもたちは立ったまま。転んだ人は，アウト。

④そのほかのルールは，普通の「だるまさんが転んだ」と同じ。教師が「だるまさんが……転んだ」と言うと，子どもたちは笑顔で転ぶ。クラス全員が転ぶ姿は最高におもしろい。

●ジャンケン手たたき

①2人組になって，左手同士を軽く握り合う。そして，ジャンケンをする。

②勝った人は，左手を強く握り，右手でたたこうとする。

③負けた人は，相手につかまれる前に，左手を離して逃げる。

④1分間で何度もジャンケンをする。勝った人はつかんでたたく。負けた人は逃げる。これをくりかえす。たくさんたたいた方が勝ち。

1学期編　5年生の担任これだけは

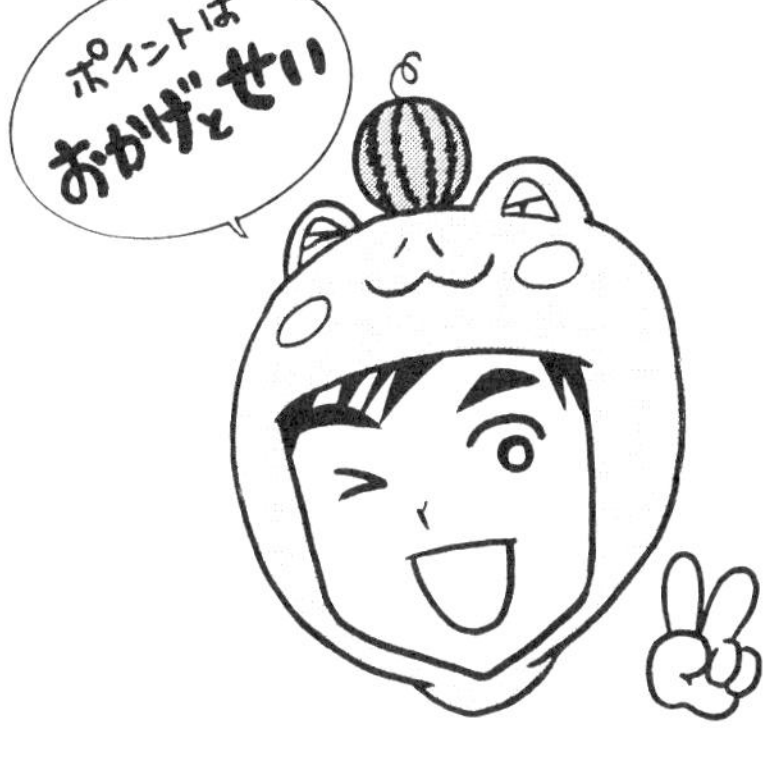
ポイントは
おかげとせい

5年生は、高学年です。自分の学級のことだけを考えているわけにはいきません。

学校全体のために、5年生を高学年として育てる必要があります。

6年生が「学校の顔」だとしたら、5年生は「首」。「顔」を支える「学校の首」なのです。

「首」がしっかりしている学校は安心です。グラグラすることがありません。

高学年は、自分たちだけが立派にふるまっていてもダメ。全校が立派にできれば、高学年の「おかげ」です。できなければ、高学年の「せい」です。

厳しいですが、高学年とはそういうもの。

「おかげ」と「せい」で5年生の子どもたちを高学年に鍛え育てていきましょう。

5年生に高学年としての自覚をもたせる

5年生は高学年。進級した子どもたちに高学年としての自覚と意欲をもたせる指導が大事です。そのための作戦は新年度最初の始業式から始まっています。

5年生を高学年に育てる

ここまで学級づくりについて書いてきました。しかし、5年生は高学年です。自分たちの学級のことだけを考えているわけにはいきません。学校全体のためにも、5年生を高学年として育てなければならないのです。

5年生に高学年という意識を植えつけるためには、学年全体で指導することが有効です。

新年度最初の始業式のあとから、さっそく5年生全体を集めて指導しましょう。

新年度最初の始業式のあとから鍛える

ある年の新年度最初の始業式の例を紹介します。この年も、始業式での5年生は立派な態度でした。やはり、新年度最初の子どもたちはよい子です。まずまちがいなくがんばります。それをほめて終わることもできるでしょう。

しかし、最初が肝心。指導が入りやすいこの時期に、教師の「5年生を高学年に育てるんだ!」という覚悟、厳しい姿勢を見せておいた方が得策です。

このときは、式が終わった途端、5年生の子どもたちがおしゃべりを始めました。教師の厳しい

ザッ
君たちは何年生ですか!?
5年生
ボソ
5年生？
ボソッ
5年生…
全力で声を出しなさい!!
君たちは何年生ですか？
5年生!!
すばらしい声だ!! さすが5年生
5年生は高学年です
高学年は全校のお手本にならないと困る
美しい「気をつけ」で全校のお手本になりなさい
まずは足

姿勢を見せるには、絶好の機会です。

そこで、私は5年生全体の前に立ち、いきなりこう叫びました。

「5年生、起立！」

子どもたちが全員立ち上がったところで、もう一度座らせます。そして、次のように聞きました。

「君たちは、何年生ですか？」

「5年生」

子どもたちは答えますが、小さな声でした。そこで、さらに次のように言います。

「全力で声を出しなさい。君たちは、何年生ですか？」

すると、見ちがえるような大きな声で、

「5年生！」

と答えることができました。

「さすが5年生です。すばらしい声が出ました。君たち5年生は高学年です。高学年は素早く動けないといけません。高学年は立つのも素早いはずです。1秒で立ちます。5年生、起立！」

今度は1秒も経たないうちに全員が立つことができました。

それでも、私は次のように言います。

「すばらしい！　さすが高学年です。0・7秒で立つことができた。でも、残念。座りなさい」

さらに子どもたちを鍛えます。

全校のお手本は「5年生」

子どもたちを座らせ、私は再び聞きました。

「君たちは、何年生ですか？」

「5年生！」

もちろん、子どもたちは全力で力強く答えます。

「そう、君たちは5年生。5年生は高学年です。高学年は立ち姿だけで、全校のお手本にならないと困ります。美しい『気をつけ』で全校のお手本になりなさい。5年生、起立！」

素早く立ち上がり、「気をつけ」をする子どもたちに向かって、次のように言いました。

「まずは、足。かかとをつけて、足先を開きなさい。次に、指先。指先までエネルギーを送って、しっかり伸ばす。最後に、背筋。もっと背が高くなるように背筋をピンと伸ばしなさい」

子どもたちは私の言葉に応えて、最高の「気をつけ」を見せてくれました。

「君たちは、すばらしい！　すばらしい立ち姿だ。立っているだけで、高学年として全校のお手本になっている。すばらしい自分たちに拍手〜！これからもこの調子でお手本になり続けてくださいね」

子どもたちは得意げな表情です。そして、ピシッと「気をつけ」をしたまま私の話を聞いてくれました。

でも、さらに高いレベルをめざします。

「座っても、ピシッとした体育座りで全校のお手本になります。もちろん、おしゃべりなんて高学年として失格です。では、5年生、座る」

時間にして3分弱の指導です。それでも、子どもたちは見ちがえるような体育座りでほかの学年が退場するのを待ち続けました。

君たちは「学校の首」だ

全校児童が退場したあと、私は5年生を体育館に残し、次のように聞きました。

「6年生は『学校の顔』です。君たち5年生は学校の何なのかわかりますか？」

子どもたちは、ハテナ顔です。まず、正解は出ません。そこで、次のように言います。

「君たち5年生は『顔』を支える『首』です。『首』がしっかりしている学校はよい学校になります。逆に『首』がしっかりしていないと、『顔』がグラグラしてしまうよね。『首』はとっても大事なんです」

「首」という言い方がユニークだからなのか、子どもたちは笑顔で聞いてくれました。

そこで、さらに厳しく言いました。

「これから全校が集まる場では、高学年として、『学校の首』としてふるまいなさい。全員、起立！君たちは何年生ですか？」

「5年生！」

「5年生は高学年です。高学年として、『学校の首』としてふるまい続ける覚悟のある人、座る」

もちろん、全員が座りました。

私は毎年こんなふうにして、新年度最初の始業式のあと、5年生を指導しています。

新年度最初の子どもたちは、よい子です。だから、指導が非常に入りやすい。よい子であるうちに厳しい指導をして、5年生に高学年としての自覚をもたせることが大切ですね。

君たちの「おかげ」と「せい」で5年生を鍛える

5年生は「学校の首」。こんな子どもたちにもわかりやすい表現で、「自分たちは高学年！」という自覚と意欲を育てましょう。ポイントは「おかげ」と「せい」で鍛えることです。

高学年としてふるまうことを要求する

始業式だけではありません。終業式はもちろん、全校朝会やそのほかの集会、避難訓練、鑑賞教室など、全校が集まる場は多くあります。

それらの全校が集まる場では、5年生に常に高学年としてふるまうことを要求します。

子どもたちには次のように話しておきます。

「5年生は高学年、『学校の首』です。全校がピシッとして会が成功すれば、君たちの『おかげ』、失敗すれば、君たちの『せい』です。厳しいですが、高学年とはそういうもの。全校が集まる場では、高学年としてふるまい続けてください」

この話は1回だけするのではありません。全校で集まる場がある前には必ずします。

5年生全体で集まるのが難しければ、各学級でしてもらいますね。

この話をしておくことで、5年生は高学年として、「学校の首」としての自覚をもって全校が集まる場に臨むことができるのです。

全校が集まるたびに「振り返り」を

全校で集まる場があれば、その会が終わるたびに「振り返り」を必ず行います。「高学年として

ふるまいなさい」と「フリ」をした以上、「フォロー」を絶対に忘れてはいけません。

会のあと、5年生を残します。そして、私は次のように叫びます。

「全員、起立!　君たちは何年生ですか?」

「5年生!」

もちろん、子どもたちは全力で答えます。

「5年生は、高学年、『学校の首』です。高学年として、『首』として立派にふるまえた人、座る」

全員が座れれば、もちろんほめます。

「そうだよね。だから、この会では、全校がピシッとしてた。落ち着いた雰囲気で会ができたのは、君たちの『おかげ』!　さすが高学年だ。すばらしい自分たちに拍手〜!」

子どもたちはうれしそうに拍手します。

逆に、座れない子どもがいたときは、次のように言います。

「ほとんどの人が高学年として立派だったよね。でも、残念ながら高学年としてふるまえていない人がいる。座っている立派な人たち、教えてあげて。君たちは何年生ですか?」

「5年生!」

座っている子どもたちは得意げに答えます。

「そうです。5年生です。5年生は高学年、『学校の首』です。立っている人たちも座っている人たちのように立派に高学年として、『首』として成長しなさい。早くほかの人たちのように本物の5年生にならないとダメだ!」

字面だけ見ていると優しく感じるでしょうが、そんなことはありません。

迫力も必要だ!!
わあっ
なんだぁ 演技ですか
妖怪出たかと思ったぁ
ここで、実際にあった場面で説明するぞ
ザワ
ザワ
そのときは、ほかの学年の態度がひどかったが、5年生を残した
「学校の首」としてふるまえた人、座る
ちなみにこのカッコいい先生はオレだ
サッ
多くの子が座った 実際、5年生はがんばっていた
だが、ここであえて言う
そんなわけない!!

立っている子は、厳しく全力で叱ります。泣く子が出るほどの迫力をもってです。

厳しく叱っても反省の見られない子は、残して個別に指導します。高学年としてふるまわない子をそのままにしておくわけにはいきません。

全校がダメならアウト

5年生がどんなに立派にふるまっても、ほかの学年がザワザワしているときがあります。そんなときは、遠慮せずにダメ出しをします。

宣言している通り、全校がザワザワするのは5年生の「せい」なのです。そこはブレてはダメ。教師が一度口にした以上は貫徹することが大切です。だから、当然5年生を叱ります。

たとえばある年の不審者対応避難訓練のときです。5年生はがんばっていたのですが、ほかの学年の態度はひどいものでした。

児童の代表が不審者役から逃げる訓練を行ったからでしょうか。ザワザワとして落ち着きのない訓練になってしまったのです。

私は避難訓練のあと、5年生を残しました。そして、子どもたちの前に立って叫びました。

「全員、起立! 君たちは何年生ですか?」

「5年生!」

「5年生として、『学校の首』として、立派にふるまえた人、座る」

多くの子が座りました。しかし、そこであえて言います。

「そんなわけない! 君たち高学年が立派にふるまってたら、あんなに下の学年がざわつくはず

がないじゃんか！　避難訓練が失敗したのは、君たちの『せい』！　自分に甘すぎ！　全員、起立！　今だって、指先が曲がって、ちゃんと『気をつけ』できていない。だから、下の学年が騒ぐ！　もう一度聞くよ。この避難訓練の間、ずっと高学年としてふるまい続けた人、座る！」

　こう言うと、座るのはわずか数人になりました。この子たちは余程の覚悟をもって、本当にがんばった子でしょう。

　ここで子どもたちをさらに追い込みます。

「今だって、まだ『気をつけ』ができてない。だから、下の学年がしゃべる！　もっと指先まで力を入れて！　背だって5年生なら、もっと高いはず。背筋をもっと伸ばしなさい」

　子どもたちは緊張した表情でさらにピシッとした「気をつけ」をします。

「ほらっ。君たちが避難訓練の間ずっとその姿だったら、その迫力が伝わって、下の学年もおしゃべりできなかったはずだ。では、座る」

　厳しいですが、5年生に高学年の自覚をもたせ、鍛え育てるためにはこのぐらいの指導が必要だと思っています。

チームで動くことを意識しよう

若手教師にとって大切なこと。それは「チームで動く」ことです。ひとりで抱え込まず、学年や学校全体で子どもを育てる意識をもちましょう。

学年で役割分担すると「楽」できる

私は最近、学年全体で動くことの大切さを感じるようになりました。また、学年全体で結果を出すことを考えるようになりました。

学級担任は、ひとりで「父性」「母性」「子性」のすべてを演じなければなりません。つまりは、「父のように厳しく叱る」「母のように優しく包み込む」「友だちのようにいっしょに遊ぶ」ということです。この3つの役をすべて演じることができて初めて学級がなり立つと言ってよいでしょう。

簡単に書いていますが、ひとりの人格で、これらすべてを演じるのは至難の技。それを求められるこれからの教師は、本当に大変です。

それでも、学年でチームを組んで役割分担をすると、少しだけ楽になります。私の学年で言えば、私が「父性」担当。学年全体を厳しく指導します。学年主任が、「母性」担当。子どもたちの話をよく聞いてあげます。また、私が厳しく叱ったあとのフォロー役です。そして、若手教師が「子性」担当。子どもとにかく遊びます。また、子ども目線で我々ベテランの指導に意見をくれます。

もちろん、それぞれの学級では、教師がひとりで「父性」「母性」「子性」のすべてを演じなければ

学年全体だとこの3役を役割分担できるんだ
中堅のベテラン
父性
学年主任など
母性
若手教師
子性
確かに、その分「楽」になりますね
ポイントは学年全体で動く、つまり「横並びの発想」だ
「横並び」？個性がないみたいで悪い印象が……
よぉーく考えてみろ音無

ばなりません。それでも、学年で集まったときや、自然教室、運動会などの行事、休み時間には、分担された役を演じるだけでいいのです。3役すべてを演じなくてすみます。その分、まちがいなく楽になりますね。

誰がどの役を担当するかは、その教師のキャラクターによるでしょう。たとえば、私は「父性」や「子性」は演じられますが、「母性」は難しい。もちろん、学級では「母性」も演じます。しかし、100％「母性」を演じろと言われたら、それはキツいですね。

若手は「子性」を演じるのが得意です。というか、演じなくても、自然にふるまうだけで「子性」が担当できます。

その一方で、若手は「父性」や「母性」を演じるのが苦手です。若手はほめても叱ってもゆるいですからね。厳しく叱っているつもりでも、十分に「父性」の役を果たせているとは思えません。ものすごくほめているつもりでも、十分に「母性」の役を果たせているとは思えません。

それでも、学年でキャラクターを分担すれば、若手の不十分な「父性」や「母性」の部分をベテラン教師に補ってもらうことができるのです。

いずれにせよ、教師それぞれのキャラクターに合わせて、無理のない役を振り分けることが大事ですね。

「横並び」を受け入れよう

学年全体で動く。まあ、「横並び」の発想ですね。「学年で歩調を合わせる」なんて言うと、反

発する若手も出そうです。

若手はいろいろなことがやりたいものですからね。昔は若かった私も、その気持ちはとってもよくわかります。

しかし、考えてみてください。自分ひとりで抱えるのって、大変じゃないですか？

たとえば、宿題です。宿題は、もともと、各担任の権限で決められてきました。少なくとも私は、そういう認識をもっています。

しかし、ある教師仲間から聞いた話だと、学校単位で宿題を決めている学校があるそうなのです。

その理由は、簡単。初任者が自分の「権威」で宿題を出すのは、リスクが大きすぎるからです。初任者が自分の「権威」で宿題を決めても、保護者や子どもから納得してもらえないことがあるのです。まあ、もともと経験の浅い初任者の「権威」なんて、保護者も子どもも認めてないですからね。当然といえば、当然です。

それなら、学校の「権威」で宿題を決めてしまおうということです。初任者でも「学校でこう決まっています」と言えば、保護者も子どもも納得せざるを得ないでしょうから。

いや、今どきの保護者や子どもたちなので、学校の「権威」をもってしても、納得しないかもしれませんね。それでも、不満の矛先は学校です。担任には向きません。だって、決めたのは学校なのですから。苦情の矛先も担任に向きません。苦情の窓口になることはあるかもしれませんが、気持ちはずっと楽だと思います。

これは、初任者だけの話ではありません。我々

ベテランにも同様の話だと思います。我々ベテランでさえ、自分の「権威」で物事を決めて実践する時代は終わってしまったのです。

「横並び」は自分を守ってくれる

「横並び」という言葉には、どこか否定的なニュアンスが漂います。

でも、自分の身を守りたければ、積極的に「横並び」をすべきだと思います。

特に1年目の初任者はそうですね。

「自分ひとりで決め、自分ひとりの『権威』で子どもに押しつけ、自分ひとりで責任を負い、自分ひとりで苦情も抱え込む」

こう書いてみるとよくわかりますが、自分ひとりですべてを抱え込むのは、本当に大変です。

しかし、「自分ひとり」を「みんな」に代えてみるとどうでしょう?

「みんなで決め、みんなの『権威』で子どもに押しつけ、みんなで責任を負い、みんなで苦情も抱え込む」

こう考えると、気持ちが楽になりませんか?

何でも自分ひとりで抱え込んで苦しくなってしまう若手をたくさん見てきました。もっとまわりを頼ればいいのになあと思います。

「横並び」、言葉のイメージは悪いかもしれませんが、あなたを楽にしてくれます。あなたをきっと守ってくれます。

ぜひ、学年や学校の教師全員のチームで協力し、子どもたちを鍛え育てていってください。

「ホウレンソウ」で自分の身を守る

若手教師にとって大切なこと。それは「ホウレンソウで身を守る」ことです。早め早めのホウレンソウで、自分もまわりも楽になりますよ。

とにかく早い段階で相談しよう

「横並び」の大切さを述べました。「横並び」にすれば、失敗しても自分ひとりの責任にはなりません。みんなの責任です。私のようなベテランでも、自分ひとりでは責任がとれません。若手も個人で戦う限界を知るべきだと思います。

「横並び」と同様に大切なのが「ホウレンソウ」。言うまでもなく「ホウ」が「報告」、「レン」が「連絡」、「ソウ」が「相談」ですね。「ホウレンソウ」をすれば、自分ひとりの責任にはなりません。みんなの責任にすることができるのです。

それなのに今どきの若手は、なぜか学級がうまくいっているフリをします。学級で問題が起こっても、「ホウレンソウ」しないのです。そして、本当ににっちもさっちもいかなくなって、やっと「助けてください」と言います。

そんな状態になって「SOS」を出されても、すでに手遅れ。助けてあげることはできません。私も「もう少し早く相談してくれれば、助けることができたのに……」という若手を何人も見てきました。とにかく早い段階で「SOS」を出すことが本当に大切なのです。妙なプライドは捨てて、早めに相談してください。

誰も1年目の若手の学級がうまくいくなんて思っていません。失敗して当たり前だと思っています。本当に問題なのは、失敗することではありません。失敗をきちんと「ホウレンソウ」しないことです。「ホウレンソウ」しないことこそ問題なのだと肝に銘じておいてください。

自分の責任で動かない

学級には、さまざまな問題が起きます。問題の起こらない学級なんてあり得ません。もちろん、私の学級でも問題が起きます。当然のことです。

そんなとき、私は絶対に自分ひとりの考えでは動きません。すぐに同学年の教師たち（学年団）に相談します。また、そこで「管理職に相談した方がいい」という話になれば、管理職に相談します。

そして、私は、学年団で決めた通りに動きます。管理職に指示された通りに動きます。そうすれば、私ひとりの責任ではなくなります。学年団全員で決めたのですから、みんなの責任です。管理職の指示通り動いたのですから、管理職の責任です。

そうやって、私は自分ひとりの責任では動かないようにします。だって、失敗したら、どうします？　ひとりで責任がとれますか？　とれないですよね。ベテランの私ですら、そうなのです。1年目の若手に責任がとれるとは思えません。

だから、みんなの責任にするのです。そうすれば、本当に気が楽になります。

若手が失敗するのは「当たり前」

新採1年目は、とにかく厳しいです。学級が荒

「報連相《ホウレンソウ》」だ
クラスで問題が起こっても「ホウレンソウ」なし
にっちもさっちもいかなくなって
SOSを出されても……
すでに手遅れだ
問題が起きたらすぐに相談 自分ひとりで動かないこと!!
失敗したら自分ひとりで責任とれないだろう? 私だってそうだ
そうですね
私もひとりで悩まず
ほかの先生に相談してみます
あ
六本木《ろっぽんぎ》先生

れるのが当たり前です。保護者からたくさんの苦情をいただくのが当たり前です。それを絶対に恥ずかしいと思ってはいけません。

我々ベテランだって、たくさんの失敗をします。だから、若手が失敗するのも当たり前だとわかっています。失敗は恥ずかしいことではないのです。失敗したら、どんどん我々ベテランに相談してくれたらいい。

我々教師は良心的です。良心的だから教師になっているのです。あなたの職場の先輩も失敗して苦しんでいる若手の相談に親身になってのってくれるにちがいありません。また、我々教師は教えたがりです。相談されるのは大好きです。相談してくれれば、頼られている気もして、まちがいなく喜ばれます。職員室でかわいがられるためにも、どんどん相談することは大切ですね。

たとえば、あなたが先輩になったと想像してみてください。若手のA先生は「自分のクラスはうまくいっているぞ」とばかりに弱みをまったく見せません。本当はうまくいっていないのにです。B先生は、「クラスがうまくいかないんですけど」とあなたに弱みを見せて相談してきます。どちらがかわいいかは明らかでしょう。当然、あなたがかわいがるのは、B先生のはずです。

職員室での人間関係をよくするためにも、弱みは隠さずに見せた方がいいですね。

いずれにせよ、とにかくひとりで抱え込まず、誰かに相談すればOK。遠慮せずに相談してくれれば、先輩たちはあなたのことをかわいがってくれるにちがいありません。とにかく何でも遠慮せ

ずに相談することが大切なのです。

失敗はあなたの責任ではなく管理職の責任

あなたの学級で問題が起こったとしましょう。この責任は誰にあるのでしょうか？　あなたでしょうか？　いいえ。正解は、校長です。あなたではありません。学校で起こったことはすべて、最終的には校長の責任なのです。若い教師はこのことを知っておいた方がいいでしょう。

たとえば、新採1年目のあなたを高学年、ましてや6年生の担任にしたとしましょう。私にはちょっと理解できない校内人事です。しかし、こういう人事が実際に行われています。ベテラン教師でも、新しく赴任してきたばかりのときに高学年、ましてや6年生の担任にするのはリスクが高すぎます。学級崩壊の確率が高いからです。

それなのに新採1年目の教師を高学年の担任にするなんて、明らかに校長の人事ミスです。学級崩壊しても、あなたにまったく責任はありません。

こういう失敗人事のことだけではないですね。とにかく学校内で起こったことはすべて、最終的には校長の責任です。だから、学級で起こったことは、とにかく校長に報告しておくことが大切です。校長に報告した時点で、あなたの責任ではなくなります。すべて校長の責任になるのです。

と言っても、どの程度の問題を校長に報告すればいいのか？　若手はわからないかもしれませんね。どんなことでも、まずは学年の教師に相談してください。そうすれば、的確なアドバイスをもらえるはずです。

授業ももちろん大切です

教師たるもの、子どもたちのために楽しくてわかりやすい授業をしてあげたいですよね。経験の浅い若手でもできる、子どもが乗って集中できる授業のコツを伝授します。

学校生活の大半は授業です

学級づくりは本当に大切です。今どきの子どもたちは同じ学級になっても、最初はただ集まっているだけですからね。

ですから、教師が意識して、ただの集まりを学級という集団に変える必要があります。

学級づくりの土台の上に授業づくりがあるのだと私は考えています。学級づくりがうまくいかないと、授業はなり立ちません。まずは、全力で学級づくりをしてください。

そうは言っても、授業もとても大切です。学校生活の大半は授業ですからね。授業がつまらなければ、学校生活はつまらないものになってしまいます。それこそ、子どもたちにとっては死活問題です。

子どもたちのためにも、楽しい授業、わかりやすい授業をするよう心がけることは、とっても大切だと思います。

子どもにとって授業はつまらないものである

子どもたちは授業がきらいです。教師がよっぽど魅力ある授業をしていれば別ですが……。それでも基本的に子どもは授業がきらいだと思ってい

た方がいいでしょう。

子どもたちは授業を受けたくて学校に来ているのではありません。休み時間に友だちと遊びたくて来ています。給食を楽しみに来ています。むしろそれが健全な子どもの姿ですよね。

授業を楽しみに来ている子なんているのかな？　少なくとも私が子どもの頃は、授業を楽しみにしてはいませんでした。

では、きらいな授業に子どもたちをどうやって乗せるか？　そこが教師の腕の見せどころです。

サービス精神が旺盛だから教師になった人も多いはず。そんな人はきっと授業中の子どもたちのつまらなそうな顔に耐えられないでしょう。いや、教師によるか。子どもたちがつまらなそうな顔をしても、淡々と授業を進める教師も多いですからね。

まずはぜひ、子どもたちのつまらなそうな顔に敏感な教師になってください。

まずは、「ネタ」を集めよう！

授業を楽しくするためには、まずはネタを集めることをオススメします。

料理の世界には「材料七分《さいりょうしちぶ》に腕三分《うでさんぶ》」という言葉があります。たとえば、ものすごく上等のトロを仕入れたとしましょう。どんな料理をつくろうが、そこそこおいしいはずです。いや、そこそこではないですね。きっと、ものすごくおいしいはずです。

教師になったばかりの若手は、そんなに授業がうまいはずがありません。つまり、腕がない。そ

Books
そのためには
「ネタ集め」ですね
そういうことだ
でも
中村先生
本のネタをそのまま授業でやっていいんですか？
自分でつくるとか……
音無、自分でつくる時間あるのか？
……ないです…けど…
「材料七分《ざいりょうしちぶ》に腕三分《うでさんぶ》」という言葉がある
どういう意味ですか？
音無 料理しないんだな
実家ですから。それが何か？

れは自覚しておいた方がいいでしょう。

では、何で勝負するか？　ネタですね。ネタさえよければ、料理といっしょで、腕がなくてもある程度おいしい授業がつくれますから。

だから、とにかくたくさんのネタを集めるといい。授業のネタは、教育書さえ読めば、たくさん手に入れることができます。

テレビのバラエティー番組に慣れてしまった子どもたちも「おいしい！」と言ってくれるような良ネタを先輩教師たちがたくさん開発してくれています。それを利用しない手はありません。本に書いてあるネタをそのまま子どもたちにぶつけるだけでOKです。

オリジナリティーにこだわる必要はまったくありません。子どもたちにとって、誰が開発したかなんて関係ないからです。本に載っているネタをそのままやってみる。そして子どもたちが楽しんでくれれば、それで十分です。

たくさんのネタを追試していれば、コツがつかめてきます。あなたの授業の技術もあがることでしょう。また、授業技術があがってくれれば、あなたのオリジナルのネタが開発できるかもしれません。でも、それは教師を10年続けたあとぐらいかな。急ぐ必要はまったくありません。まずは、とにかくたくさんのネタを追試する。追試で自分と子どもに力をつけるのです。

普通の授業に子どもを無理やり乗せるには

それでも、いつもネタばかりやっているわけにはいきません。多くの授業は教科書を使った普通

材料がよければ多少、腕が悪くても料理はおいしくできるという意味だ
なるほど
しゅばっ
それと同じで、まずは子どもたちに楽しい授業をすることが優先だ!!
わかりました
ポイントは「乗せる授業にするために
子どもたちを動かすこと」だ
動かす?
それには「大きな活動」と
「小さな活動」を入れ
じっとする時間を減らす
大きな活動
「小さな活動」については、明日また実践しよう
はい
寝たいし。

の授業だからです。

特に保護者や子どもたちは「教科書信仰」をもっています。教科書をきちんと押さえておかないと、不安になるのです。そこで、不信を招かないためにも、教科書を使った普通の授業をしないわけにはいきません。

楽しいネタの授業に比べ、普通の授業に子どもたちを乗せるのはなかなか難しいと思います。

そこで、『つまらない普通の授業に子どもを無理矢理乗せてしまう方法』〈黎明書房〉です。これ、私が書いた本ですが、超オススメの自信作です。ぜひ、読んでみてください。この本に載っている方法を使えば、子どもたちは笑顔で授業に取り組みますよ。と言って、宣伝だけで終わるのは申しわけないですね。少しだけその方法を紹介しましょう。

たとえば私はこの本の中で「子どもたちのお腹《なか》がすく授業をしよう」と提案しています。

授業中、とにかく子どもたちを動かすのです。声出しをさせたり、立ったり座らせたり、私の授業では子どもたちが動く場面がたくさんあります。

NHKの『エデュカチオ!』という番組の取材を受けたことがあります。取材をしたディレクターの方に、

「中村先生の授業では子どもたちが本当によく動きますね。あんなに動いて子どもたちは疲れないんですか?」

と質問されました。私の回答はこうです。

「子どもたちは、じっと黙って話を聞くのが苦手なんです。じっと黙って座っている方が、よっ

ぽど疲れますよ」

この言葉通り、子どもたちはじっと黙って座っているのが大きらいです。

授業中、教師の説明を減らし、子どもたちが動く活動をどんどん入れるとよいですね。

「小さな活動」をどんどん入れる

新聞づくりや班での話し合いなど、「大きな活動」もどんどん入れるといいと思います。

しかし、多くの授業は、教師の説明が必要です。教科書をきちんと教えようと思うと、どうしても説明しないといけないことは多いですからね。いつも「大きな活動」を取り入れてばかりもいられません。

そこで、「小さな活動」です。「小さな活動」をこまめに入れ、子どもたちを動かしながら説明します。

その1つの方法が、声出しです。たとえば、次のような説明をしたとしましょう。

「今から俳句について学習します。俳句は5・7・5の17音でできた世界でいちばん短い詩です。季節の言葉、季語を入れるのが約束です」

こんな長い説明、子どもたちは聞いていません。子どもたちは本当に聞くことが苦手だし、きらいです。そこで「小さな活動」を入れます。

私の学級では「はい」と言われれば、子どもたち全員が声をそろえてくりかえして言う約束になっています。だから、子どもたちは、

「俳句」

と言います。

「俳句は5・7・5の17音でできた世界でいちばん短い詩です。5・7・5。はい」

「5・7・5」

「季節の言葉、季語を入れるのが約束です。季語。はい」

「季語」

このようにくりかえして声出しさせるだけで、子どもたちは飽きにくくなります。また、授業にリズムが生まれ、テンポがよくなるのもよい点です。

ほかにも、立ったり座らせたりする方法があります。

「教科書の34ページを開きなさい」

なんて指示も、次のように言えばよいのです。

「教科書34ページを開いたら、立ちなさい」

これで、立つという「小さな活動」が入れられます。また、全員が教科書を開いているかどうかが目に見える形でわかります。全員参加を確実に保障するためにも有効な指示ですね。

「全員起立。円の面積は、半径×半径×3.14と10回言ったら座りなさい」

なんて指示も私はよくします。声出しに加え、立つ、座るという「小さな活動」を入れることができますね。

ほかにも「小さな活動」を入れる方法はいろいろあります。ぜひ、拙著『つまらない普通の授業に子どもを無理矢理乗せてしまう方法』を読んでみてください。

休み時間は教師の休み時間ではない

教師にとって、休み時間の過ごし方は〝超〟重要です。とにかく、若手教師の最大の武器は「いっしょに遊ぶこと」。ただし、そこにも〝作戦〟は欠かせません。

とにかく子どもたちと遊ぼう!

私は昼休み、必ず子どもたちと遊んでいます。子どもとの距離を縮めるには、いっしょに遊ぶのがいちばんですからね。

子どもたちは先生がいっしょに遊ぶと本当に喜びますよ。6年生でさえ喜びますからね。5年生の子どもたちは、まちがいなく喜びます。

いっしょに遊ぶときに、いろいろな子とおしゃべりができるのもよい点です。

新採1年目の若手なんて、それこそいっしょに遊ぶことが唯一最大の武器かもしれません。

基本的に子どもも保護者も若い先生をいやがります。ベテランの指導のもとで、きちんと学級をつくってもらい、安心して学校生活を送りたいと考えているのです。

若手が子どもたちに喜ばれるのは、「いっしょに遊んでくれる」という一点だけかもしれません。だから、若手にとっていっしょに遊ぶという武器だけは捨てられない。昼休みは必ず子どもたちといっしょに遊びましょう。

作戦を練って休み時間を過ごす

昼休みに遊ぶのは、子どもとの関係をつくるた

めです。となれば、一部の子どもとばかり遊ぶわけにはいきません。きちんと作戦を練って意識的に遊ぶ必要があります。

全員で遊ぶ学級ならよいのですが、バラバラの小グループで遊ぶ学級もあります。

そんな学級をもったとき、私は、曜日ごとにいっしょに遊ぶグループを決めています。

月曜日は女子となわとび、火曜日は男子とサッカー、水曜日は一輪車をしている子、木曜日は全員遊び、金曜日はその週いっしょに遊べなかった子の予備日というふうにです。

こうやって意図的に学級の子どもたち全員とつながることが大切なのです。

遊びを教えよう!

よい学級かどうかを見極める方法はいろいろあります。いちばん見極めやすいのは、声の大きさですね。よい学級は例外なく声が大きいです。

また、昼休みの教室を見てみても、よくわかります。よい学級の教室には、誰も残っていません。みんな外に遊びに行っているのです。

逆に荒れている学級の教室には、たくさんの子どもたちが残っています。そして、騒いだり、走り回ったりしています。ときには悪さをすることさえありますね。

よい学級をつくりたければ、子どもたちがどんどん外で遊ぶように仕向けましょう。

ただ、最近の子どもたちは集団でする遊びをあまり知りません。

そこで、私は4月の体育の授業を1時間使って、

外遊びを教えることにしています。

「ろくむし」「十字架おに」「Sケン」を教えることが多いですね。どれも私が子どもの頃夢中になってやっていた昭和の遊びです。

特に「Sケン」は今どきの子どもたちにも大人気です。体育の授業でやったあと、必ずブームが来ます。昼休みに集まって、学級みんなで「Sケン」をするようになるのです。

もちろん、私も参加します。そして、キャーキャー言いながらいっしょに「Sケン」を楽しみます。まあ、ケガが怖いので、少々注意が必要です。あまり力いっぱい倒さないように言っておいた方がいいでしょうね。

「Sケン」などのルールはインターネットで検索すれば、いくらでも調べられます。

まあ、「Sケン」に限りません。あなたが子どもの頃に夢中でやっていた遊びを子どもたちに教えてあげてください。遊びを教えるのも教師の大事な仕事になっていると感じています。

休み時間に子どもの人間関係を把握する

教師は休み時間を使って、子どもたちの人間関係を把握しておく必要があります。休み時間には、子どもたちの人間関係が露骨に表れるからです。「高学年女子」の友だち同士のトラブルも、休み時間に気づくことがあります。

ちなみに「高学年女子」のトラブルに気づいても、すぐに対応するのがベストだとは限りません。下手に手を打つと関係を悪化させることが多いからです。当事者の思いをしっかり聞き、きち

んと作戦を練って対応することが必要です。

私は、10分休みは、子どもたちと雑談で盛り上がりながらも、誰がどこで何をしているかは注意深く観察しています。

昼休みは、誰がどこで過ごしているかを見ておきます。外に出る前に、図書室などを見回っています。また、外に出てからも運動場を1周して子どもたちの様子を把握してから遊びます。

姿が見えなかった子には、「昼休みは何してたの?」と聞きます。

ひとりぼっちの子がいれば、私が遊びに誘います。私がいっしょに連れていけば、子どもたちも仲間に入れてくれます。また、ほかの子に、「○○くんがひとりぼっちみたいだから、誘ってくれない?」とお願いすることもあります。

休み時間に教師が休むとマズイ

休み時間は、子どもたちにとっての休み時間です。まちがっても、教師にとっての休み時間ではありません。教師が休み時間に本当に休んでしまったら、学級はまちがいなく、なり立ちません。

大変ですが、教師は作戦を立てて休み時間を過ごす必要があるのです。「休み時間は仕事中」。若手にはこれをわかってほしいです。

初めての参観日

若手教師にとって「参観日」は緊張する場面の第1位かもしれません。でも大丈夫！　参観日は「ハレの日」と心得て、保護者サービスに徹することで信頼を勝ち取りましょう。

最初の参観日で「大丈夫だ」とアピールする

厳しい言い方になりますが、保護者は若い教師を信用していません。となりの学級を受けもつベテラン教師とあなたを比べて、「はずれ」だとさえ思っています。

若手は大きなハンディキャップをもってのスタートです。厳しいですが、このことは自覚しておいた方がいいでしょう。

保護者の多くは、新年度最初の参観日で初めてあなたの姿を見ることになると思います。

最初が肝心です。第一印象は本当に大事ですからね。よい先生だと思ってもらえるように、髪型や服装などにも気をつけましょう。

授業はオーソドックスな、座学の普通の授業をするべきです。保護者の多くは自分の受けてきた授業のイメージしかもっていません。

「授業中、子どもは黙って座って、先生の話を聞くものだ」

こんなイメージの授業です。教師がきちんと説明をする。子どもたちはきちんと先生の話を聞いている。そんな姿を見せると、保護者も安心してくださいます。

まずは普通の座学の授業をして、「この先生

で大丈夫だ」と保護者に安心感を与えましょう。
　最初の参観日のいちばんの目的は、保護者に安心していただくことなのです。

お客さまを迎えるときの心構えを教える

　参観日は教室に保護者というお客さまを迎える日です。この機会に子どもたちにお客さまを迎えるときの心構えを教えましょう。つまり「おもてなし」の心です。

　私は普段は、ポロシャツにスラックスという比較的ラフな格好でいます。（ちなみに、若手教師には、きちんとスーツを着ることをオススメします。子どもたちに「先生だけ楽そうでいいな」なんて印象をもたせないためです。詳しくは、横藤雅人・武藤久慶著『その指導、学級崩壊の原因です！「かくれたカリキュラム」発見・改善ガイド』〈明治図書〉25〜28ページを参照）

　そんな私でも、参観日にはスーツを着ます。ネクタイも締めます。わざわざ休みをとって来てくださる保護者への礼儀です。

　私のスーツ姿を見て、子どもたちは、

「先生、どうしたの？　いつもはパジャマみたいな（笑）格好なのに……」

なんて言います。しかし、

「今日は参観日だから、お母さんやお父さんたちが来られるでしょ。お客さまを正装で迎えるのは人間として当然のこと。礼儀として大事なことだよ」

と、きちんと教えておきます。

　教室の掃除も、特別にします。私の教室は、基

いつもと服がちがーう!!
今日は参観日ですからね
お客さまを正装でお迎えしないと
では今から10分間教室掃除をします
みなさんのお家もお客さまがいらっしゃるときは掃除しますね
教室をキレイにしてお客さまをお迎えしましょう
ポイント
参観日は、お客さまを迎える「おもてなし」の心を教えよう
ゴミあつめるよー
机も拭く?
みんな掃除が素早い!!
成長したなあ
5ねん1くみ

本、いつもキレイです。

それでも、授業時間を10分程度とって、子どもたちに参観日のための掃除をさせます。

「みんなの家でもお客さまがいらっしゃるときには掃除をするでしょ。キレイにしてお客さまを迎えようという気持ちが大事なんだよ」

こんなことを教えるのも、参観日ならではの大事な教育です。

自分の子どもの活躍が何よりのサービス

お客さまに喜んでいただくのが何よりの「おもてなし」です。では、保護者に喜んでいただくためには、どんな授業をすればいいか？

正解は、「自分の子どもが活躍する場面がある授業」です。

先ほど述べたように、1回目の参観日は教師の授業技術をアピールしておいた方がよいでしょう。特に新採1年目の若手は自分が「きちんと授業ができる教師」であることを伝え、保護者に安心していただく必要があります。

しかし、基本、保護者は授業の流れなんて見ていません。楽しくておもしろい授業かどうかも見ていません。見ているのは、「自分の子ども」だけなのです。

教師がどんな発問をしようが、自分の子どもがきちんと授業に参加しているかどうかだけを見ています。

だから、自分の子どもがみんなの前で発言すると、うれしくなります。自分の子どもが先生からほめられると、うれしくなります。「活躍」といっ

ても、小さなことで十分です。必ずどの子も何らかの発言ができる授業をするのがいいですね。

参観日の授業ネタの本がたくさん発刊されています。それらを参考にすればよいでしょう。

子どもにも保護者にも恥をかかせない

参観日は「ハレの日」だと心得る必要もあります。すべてがいつも通りでよいというわけではないのです。

たとえば、みんなの前でひとりの子どもを叱るなんてことは、絶対にしてはいけません。

学級のみんな、大勢の保護者の前で叱るということは、その子どもに恥をかかせるということです。そしてそれは、その子の保護者にも恥をかかせるということなのです。参観日にそんなことをしてしまったら、その保護者は担任に不信感を募らせるにちがいありません。

非日常の「ハレの日」なのだから、子どもを叱らなくてすむように「予防」すべきです。そして、ちょっと気になることがあっても、叱らないようにするべきです。どうしても目に余る行動は、放っておいてはいけません。それこそその子に恥をかかせることになりますからね。その場合は、ほかの人にわからないようにこそっと注意しましょう。

参観日は特別な日と考えて、保護者サービスに徹することが大切です。

初めての学級懇談会と保護者対応術

子どもを育てるためには保護者の協力が欠かせません。保護者からの信頼を得ることは〝子どものため〟なのです。「苦情はチャンス！」と前向きに！

集中砲火を覚悟しておけ

厳しいことを言っておきます。新採1年目の若手にとって、学級懇談会はつらい場になってしまうことが多いです。学級懇談会のあと、職員室で泣く若手を私は何人も見てきました。

最近の保護者は、教師を上だとは思っていません。ましてや新採1年目の若手は、保護者より年下ですからね。経験も浅く授業や学級づくりもそんなに上手なわけがありませんから、どうしても不満が出やすいのです。

特に学級懇談会のようにたくさんの保護者が集まる場では、一度苦情が出るとそれをきっかけに保護者が次々に教師批判をすることも少なくありません。教師が傷つくことが想像できないのか、大人数の保護者がひとりの教師を責める。まさにいじめだと思うのですが、残念ながらそんな現実があります。

若手のみなさんは「苦情の集中砲火もあるかも」と覚悟を決めて学級懇談会に臨んでください。そして、たとえ集中砲火を受けても、絶対に教師を辞めてはいけません。

あなただけではないのです。若手にはよくある「洗礼」だと割り切ってください。けっして「自

分だけが力がない」なんて思ってはいけません。「誰にでもあること」なのです。

保護者対応術を身につけよう

誰だって保護者とよい関係を築きたいですよね。それには保護者対応術を学ぶことが不可欠です。当たり前ですが、子どもを育てるには保護者の協力が欠かせません。子どもたちのためにも教師がしっかりと保護者との信頼関係を築く必要があるのです。

保護者対応術について書くと本1冊分のページ数が必要です。そのぐらいたくさん、しておかなければならないことがあります。

実は、我々教師が日々いちばん心を痛めているのが保護者への対応です。逆に言えば、保護者とよい関係を築ければ、学校現場でそんなに心を痛めることはありません。教師にとって本当に重大な保護者対応術を、ここでは少しだけ紹介しましょう。

影響力のある保護者を味方に

学級には影響力のある保護者がいます。その保護者に不信感をもたれてしまうと最後です。あっという間に、保護者の多数が教師を信頼しなくなってしまいます。逆に、影響力のある保護者を味方にできると安心です。多数の保護者があなたの味方になってくださいます。

では、どうやって影響力のある保護者を見つけるか？　それには、事前の情報収集が欠かせません。もちろん、学級懇談会などで影響力のある保

護者がわかることもあるでしょう。しかし、学級懇談会では目立たない「陰の権力者」のような存在の保護者もいるのです。

そこで、前の学年の担任から積極的に情報を得ておくことが重要です。それが唯一の方法だと言っていいと思います。

影響力のある保護者がわかれば、その保護者への対応は、当然、手厚いものになります。残念ながら、どの保護者にも平等になんてキレイごとばかりは言っていられません。コミュニケーションのとり方を丁寧にするなど、その保護者に好かれるよう全力でがんばりましょう。

自分を「よい先生」だと宣伝しよう

保護者の信頼を得るためにいちばん有効なことは何だと思いますか？　それはテストの点数を上げることです。

どんなにすばらしい授業をしても、保護者にはわかりません。わかるのはテストの点数だけなのです。

「○○先生になってから、子どものテストの点数がよくなった」

なんて印象を保護者がもてば、最高ですね。まちがいなく信頼度アップです。テストでよい点数をとらせることは、自分を「授業の上手な先生だ」とアピールすることなのです。

テストの点数を上げるのは、実は難しいことではありません。「お稽古」をしておけばよいからです。そのためにも、新しい単元に入る前に、教師が先にテストを見ておくとよいですね。そし

さらにポイントは「よい先生だと自分で宣伝しよう」だ
テストでよい点数がとれる授業をすることも
音無先生になってからテストの点数がよくなったという宣伝になる
学級通信 vol.1
学級通
また学級通信も喜ばれる毎日出せばさぼっているようには見えない
音無は学級通信得意だろ?
はい
それと、もうひとつ大事なこと
しょくいんしつ
あ
二階堂《にかいどう》先生

て、そのテストのポイントを押さえながら、どういう授業をすればよいのか考えます。あの手この手を尽くせば、クラス平均95点なんて難しいことではありません。

もうひとつ有効なのが、学級通信を発行することです。これもバッチリ保護者からの信頼度アップにつながります。

私はほとんど毎日、年間200号を超える学級通信を発行し続けています。学級通信を発行すると、保護者に喜ばれます。また、少なくともサボっているように見えません。学級通信を発行することは自分が「熱心な教師だ」とアピールすることにもなるのです。

ぜひ、若手教師のみなさんも学級通信をたくさん発行して、保護者の信頼を勝ち取ってください。

苦情はチャンス!

保護者からの苦情の電話は誰しもいやなものでしょう。しかし、実は「苦情はチャンス!」なのです。うまく対応できれば、保護者の信頼が一気に増すこともあるからです。

苦情の電話への対応には、手順があります。拙著『教室に笑顔があふれる中村健一の安心感のある学級づくり』〈黎明書房〉には具体例とともに詳しく説明してあります。重なってしまうので、ここでは概略だけ説明しましょう。

まずは、話をしっかり聞きます。「はい、はい」と声に出してうなずきながらです。そして、時々、相手の言葉をくりかえして言います。たまに「なるほど!」「そうですよね」などの言葉を入

あの、長谷川《はせがわ》さんの保護者のことで少し……
あははっ
ああ
あの方、はっきり主張されるでしょ
ポイント 保護者の情報収集をせよ!!
……あら
大変……
長谷川さんのお母さまからだわ
すぐに電話だ!!
はい……はい
申しわけございませんでした……
どうだった!?
……

れるとよいでしょう。

共感的に話を聞いて、相手の気持ちを落ち着かせます。相手が話し終わるまで、しっかり聞き続けるのがポイントです。

次に、対応策を説明、相談、確認します。

問題に対して教師がどう対応しようと思うのかを説明して、保護者の意見を聞きます。保護者の意見を取り入れて対応策を決めたら、くりかえし言って確認です。そして、「これでよろしいですか?」と保護者の許可を得ます。

保護者が許可してくださった対応策です。いわば「お墨付き」。うまくいってもいかなくても、自信をもって対応できます。

最後に最も大切なのが、実際に子どもたちに対応したあとです。必ず、保護者に報告の電話をします。「昨日はお電話、ありがとうございました」と、昨日の電話のお礼を言ってから、話し始めます。子どもたちに対応したときの様子などを説明したあとは、

「子どもなので、また同じことをくりかえすかもしれません。そのときには、また、お電話いただけると私も助かります。ぜひよろしくお願いします」

と言っておきます。そして、電話を切る前に、

「今回は本当に申しわけありませんでした。お電話、本当にありがとうございました」

と謝罪と感謝の言葉を言えば、バッチリです。

初期対応がすべて。面倒くさがらない

電話でなく、連絡帳で苦情をいただくこともあ

お電話だけで納得いただけたようですが
念のため、お宅にお伺いしてお話を聞くことにしました
……やっぱり立派に成長してるな
長谷川
まあ先生!!
私、お電話だけでいいって言ったのに
いえ、この度は私の未熟さゆえに
誤解を招いてしまって本当に申しわけございませんでした
まあ、それはわざわざどうもかえって申しわけなかったわ
ポイント
相手の予想より丁寧な対応を!!

ると思います。そんなとき、私は、

「お手紙、ありがとうございます。大変申しわけありませんでした。今日の夕方、電話させていただきます。どうぞよろしくお願いいたします」

　こんなふうに連絡帳に書きます。そして、実際に電話をします。

　電話をすれば、相手の様子がよくわかります。かなりのお怒りなのか、そんなに怒っていないのかがわかるのです。

　連絡帳では、様子がわかりません。冷静に書いていても、実はかなりのお怒りモードの可能性も十二分にあります。

　電話をしてお怒りなのがわかれば、私はすぐに家庭訪問します。いや、少しでも怒りを感じれば、すぐに家庭訪問します。その方が相手に誠意が伝わるからです。家庭訪問した途端に、

「先生、わざわざ来てくださらなくても。ありがとうございます」

と怒りがおさまるケースさえあります。

　相手が思っているよりも一段上の丁寧な対応をすることがなによりも大切です。

　家庭訪問するのは面倒くさいかもしれません。しかし、面倒くさがって家庭訪問しないとあとでもっと面倒くさいことになりかねません。

　保護者対応は「初期対応がすべて」です。最初こじれると、どんどん問題が大きくなります。面倒くさがらずに考え得る限り最高の誠実な対応をしましょう。

夏休みは思いっきり楽しもう！

待ちに待った夏休み！ 思いっきりリフレッシュしましょう。「オン・オフ」の切り替えができる教師こそ「プロ教師」です！ 心と体をしっかり休めて、笑顔で2学期を迎えましょう。

夏休みを楽しみに厳しい1学期を生き抜こう

1学期は4カ月しかありません。それでも、若手にはずいぶんと長く感じられることでしょう。たぶん、怒《ど》濤《とう》のような毎日に心身ともにへとへとでしょうからね。

しかし、厳しい厳しい1学期が終われば、待ちに待った夏休みです。

新採1年目は、かなりの日数、初任者研修が行われます。思っているよりも休みの日は少ないかもしれません。

それでも、夏休みは夏休みです。学期中に比べれば、心も体もずいぶん楽になりますよ。ようやく一息つけてホッとする若手も多いはずです。正直言えば、「夏休みは子どもと会わないから楽だなあ」なんて思う若手も多いでしょうね。でもそんな自分を教師失格なんて思う必要はありません。

現場に出る前の学生相手の講座で、私は、

「君たちは現場に出て、子どもたちのことが大きらいになるでしょう」

と言っています。それは「覚悟」をもってもらうためです。

現場に出る前は、子どもたちを天使のように

思っているものです。しかし、学級の状況次第で、子どもたちはたやすく悪魔に変身します。経験の浅い若手教師の教室で、子どもが悪魔になってしまうことはまったく珍しいことではありません。教師だって人間です。悪魔は好きになれませんよね。当然のことです。

あなただけが特別ではないのです。それで「自分は教師に向いてないかも」なんて思い悩む必要はまったくありません。どんなに厳しい1学期であっても、子どもに会わなくてすむ夏休みを楽しみにがんばりましょう。

私も夏休みは大好きです!

夏休みの週末、私は講座を行うことが多いです。8月も半ばを過ぎた頃から行う講座のツカミで、私はこう叫んでいます。

「みなさん、もうすぐ夏休みが終わりますね。2学期が待ち遠しいという人いますか? 私は、……まったく待ち遠しいなんて思いません。夏休みが終わってほしくない。夏休み、大っ好き! よく大実践家とかでいるじゃないですか。『2学期が待ち遠しいです。早く子どもたちに会いたいです』とか言う人。『ウソつき!』って思いますもん(笑)。誰だって、夏休みがいいに決まってる! 中村は夏休みが大好きです!」

どの会場でも拍手喝采を浴びますね。参加者の多くも同じ思いなのでしょう。

この言葉、ウソではありません。心から叫んでいます。私は本当に夏休みが大好きです。

夏休みは、いつもよりも、たっぷりと自分の時

間がとれます。やりたいことができます。

何よりも学級の子どもたちのことで心配をしないですむのがいいですね。

私は夏休み中は、学級の子どもたちの存在すら忘れてしまっているほどです。

オン・オフの切り替えを

夏休みに限りません。私は土日などの休日でも、子どもたちの存在を忘れています。

なぜか？　それは「24時間ずっと教師としてい続けるのはよくない」と思うから。教師としての自分と、素の自分を区別するべきです。

私は自分のことを「パートタイムの教育者」だと思っています。

学校では全力で仕事をする。全力でしないと学級はなり立ちませんからね。手を抜くことなんて、絶対にできません。しかし、学校で全力で仕事をする分、家では教師としては働きません。24時間、ずっと教師としてふるまい続けるなんて、私には無理です。そんなことをしてしまったら、絶対に体と心を壊すにちがいないですね。

オン・オフの切り替えができるのがプロ教師なのだと思います。

夏休みを楽しもう！

毎年夏休みの最初の頃にフジテレビ系で「27時間テレビ」が放送されます。今年も夏休みが来たんだなあとうれしくなります。

そして、毎年夏休みの終わり頃に日本テレビ系で「24時間テレビ」が放送されます。今年も夏休

みが終わってしまうんだなあと寂しくなります。そして、キリキリと胃が痛くなります。正直、「学校が始まるのはいやだなあ」と思うのです。

　こんな私は教師失格でしょうか？

　いや、こうやってオン・オフの切り替えができているから、大きな病気のひとつもすることなく、二十数年も厳しい現場でがんばれているのだと思います。

　24時間ずっとプロ教師でいようとすると、絶対に無理がきます。若手にも私のようにオン・オフの切り替えが上手にできるようになってほしいですね。若手にはとっても難しいことでしょうけれど……。特に学期中の平日なんかは、家に帰っても子どもたちや学校のことで頭がいっぱいだと思います。土日ですら、仕事のことが気になって仕方がないでしょうね。

　そこで、まずは、夏休みです。夏休みを楽しむことから始めましょう。

　子どものことを忘れて、日頃できない趣味に時間を使うのもいいでしょう。友だちと旅行に行くのもいいでしょう。家族とのんびり過ごすのもいいでしょう。

　1学期の疲れをしっかりとって、リフレッシュして元気に2学期を迎えましょう。

2学期編　行事で5年生を鍛える

2学期には大きな行事が続きます。

私は、行事がだ〜い好き。それは楽しいからだけではありません。行事を通して子どもたちを大きく成長させることができるからです。

行事は、子どもたちを伸ばす大きなチャンス。行事を通して、子どもたちをさらに高学年として成長させましょう。

特に運動会は、高学年の5年生は運営側。自分たちの手で運動会を盛り上げ、成功させる経験は、5年生を大きく成長させてくれます。

子どもの成長は教師の喜びですからね。行事を通して5年生を成長させることができれば、教師という仕事のやりがいを感じることができますよ。

2学期スタートは4月の次に大事

1学期に学級づくりがうまくいかなかった……。でも、大丈夫。長い夏休みで、子どもたちはリセットされています。2学期最初は「銀の時間」。仕切り直しの大チャンスですよ!

夏休み最終日
明日から2学期だ!!
ハイッ
……夏休み満喫したようだな
す、すみませんつい夏休み気分で
ぱっ
それだ!!
音無が夏休み気分を抜け出していない
と、いうことは子どもたちもそうだ!!
ポイントは「休み明けのダラダラを3日間で元に戻す」だ
ここでしっかりしないと学級崩壊まっしぐらだ
なぜなら……

2学期スタートは仕切り直しのチャンス

2学期が始まって最初の1週間は、4月の1カ月間の次に大事な時間です。

私の尊敬する野中信行氏は4月を「金の時間」と呼び、9月の最初の1週間を「銀の時間」と呼んでいます。

つまり、そのぐらい大事な時間だということ。特に1学期うまくいっていなかった学級にとっては仕切り直しの最後のチャンスだと言えるでしょう。

1学期の途中で仕切り直すのは、なかなか難しいものです。4月からずっと厳しいことを言わなかった教師が、甘くしすぎで学級が荒れてきたからと、1学期の途中から厳しくしたとします。すると、子どもたちは「なんで今更」と反発するでしょうからね。

しかし、長い夏休みで子どもたちもリセットされています。仕切り直すとしたら、ここしかありません。覚悟をもって、作戦を立てて2学期に臨みましょう。

作戦を立てるには、4月を参考にするとよいですね。

・**「0」（夏休みの終わり）**… しっかり作戦を立てる。
・**「1」（2学期初日）**… 楽しいネタを連発して「やっぱり学校は楽しいな」と思わせる。また、とにかくほめて子どもたちの心をつかむ。
・**「3」（3日目まで）**… 学級の柱となる3つのルールをつくり、叱るパフォーマンスをする。
・**「7」（7日目まで）**… 子どもたちが1日を過ごすためのルールを全部決める。
・**「30」（9月いっぱい）**… 「3」や「7」で決めたルールをくりかえし指導し、徹底する。

4月の「金の時間」に失敗した若手も多いはず。これがラストチャンスなのですから、がんばるしかありません。

3日間で子どもを元の状態に戻す

「金の時間」に成功し、1学期を無事切り抜けた学級もあるでしょう。まあ、若手の学級では、そんなの少数派でしょうけどね。

でも、1学期うまくいったからといって、2学期スタートは絶対に手を抜いてはいけません。2学期最初に手を抜くと、学級崩壊への道まっしぐらだと肝に銘じてください。

夏休み明けの子どもは、ダラダラしています。1学期は素早く動けた子どもたちも、動きが遅くなってしまっています。

また、声の大きさなんて、特にハッキリしていますね。1学期には大きかった子どもたちの声も、小さくなっているはずです。

おはよう
初日からあいさつできてすごいね
おはようございます
おはようございます
…………
とぼとぼ
ふぁ
なんだかやっぱり声も小さいし
ダラダラしてるような？
だろうな
家では大声出さないからなそんなときは……
ゴそっ
そんなときはこれをやろうッ
キッチンタイマー
タッタラララッタ タァ〜ダッタァ♪
あの声で
？
普通のタイマーに見えますが？
しかもビジョーに似てないモノマネ入りましたが。
一度やりたかったの
うむ

そりゃそうです。家では教室のような大きな声は出さないですから。というか、家で教室の声を出して話していたら、まちがいなく近所迷惑。教室の声は特別なのです。夏休みの間、ずっと大きな声を出していない子どもたちの声が小さくなるのは当然の話ですね。

動きや声だけでなく、子どもたちは1学期の最後にできていたことが、できなくなってしまっているはずです。

しかし、だからといって、そのまま放っておいてはいけません。

できるだけ早い時期に、1学期の最後と同じ状態に戻さなければなりません。

私は毎年、「3日間で元の状態に戻す」ことを意識しています。

徐々にハードルを上げる

とはいえ、夏休みの間じゅう、ずっとダラダラと過ごし続けた子どもたちです。また、昼夜逆転してしまっている子も多くいます。寝ぼけ眼で学校に来る子も珍しくありません。

子どもたちは、あなたの思い通りには動いてくれないでしょう。

それでも、覚悟をもって、指導します。

たとえば、動きです。2学期の最初には意図して、制限時間を設けて動く場を多くとるといいと思います。常にキッチンタイマーをもって、制限時間を設定します。

「教室の後ろに20秒で並びます」

「10秒で班にします」

「2分でランドセルを片づけます」

制限時間をクリアできれば、

「すごいクラスだね！　すばらしい自分たちに拍手～！」

とほめます。できなければ、叱ってやり直しです。これをくりかえしくりかえし行います。

でも、子どもたちはけっこうがんばって取り組むものです。制限時間を設けるだけで、それがゲームになるからです。キッチンタイマー、教師必携ですよ！

休み明けに制限時間のある動きをさせるには、ポイントがあります。最初のうちは少しだけハードルを低くすることです。

たとえば、先ほどの例で言えば、普段の私の学級なら、教室の後ろに並ぶのは10秒、班にするのは5秒、ランドセルを片づけるのは1分です。それを休み明けは倍の長さにしています。

最初からクリアできない高いハードルを設定してしまうと、子どもたちはやる気になりません。子どもの力が落ちていることに配慮して、長めの制限時間を設定するとよいですね。

もちろん、制限時間はどんどん短くしていきます。そして3日間で元のタイムに戻します。徐々にハードルを上げていくイメージです。

これは動きに限りません。声の大きさもそうですし、ほかのことも同じです。

1学期中かかってできるようになったラインに、2学期には3日間で戻れたら、子どもの成長を実感できますね。

自然教室は遊びではない

行事は子どもを伸ばします。たとえば自然教室です。家からも学校からも離れた宿泊行事。非日常の集団行動で、5年生をグッと成長させたいものです。

「自然教室は遊びなの？」

私の勤務する山口県では、5年生で宿泊を伴う自然教室を行うことが多いです。

私の勤務校は運動会が秋なので、自然教室は1学期に実施します。しかし、運動会が春の場合は自然教室が秋に実施されることも多いので、ここでは行事でまとめて2学期編に入れました。

自然教室は「少年自然の家」のようなところに泊まり、さまざまな活動をします。

昔は「宿泊訓練」と呼んでいました。しかし時代の流れなのか、今は「自然教室」なんてソフトな名前が一般的です。

そのせいか、子どもたちはピクニック気分。いや、ピクニック気分の教師さえいます。

まずは、教師自身が「自然教室は遊びではない」と自覚することが大切ですね。

私は、自然教室の説明会で、最初に子どもたちに次のように言っておきます。

「自然教室は遊びに行くのではありません。大事な授業時間を使って行くのです。また、お母さん、お父さんに大金を払っていただいて行くのです。成長して帰ってこなければ、申しわけなさすぎです」

イェ〜イ
みんな楽しそうね
でも……
自然教室は
遊びではありません
大切な授業時間を使い
お母さん、お父さんの
お金をいただいて
行くのです
よく言うよ
しっかり成長して
きましょう
では
自然教室は
遊びなの？
遊びじゃ
ないー!!
さすが5年生!!
次
自然教室では
3つのことを
学びます
3つの約束
①5分前集合
②班行動
③あいさつ
全員、起立

自然教室の前、自然教室の間、私はくりかえし聞きます。

「自然教室は遊びなの？」

「遊びじゃない！」

子どもたちは全員で声をそろえて答えます。

自然教室について話すときは、必ずこのやり取りからスタートです。まずは、子どもたちに「自然教室で成長して帰ってくるんだ」という心構えをもたせることが必要なのです。

約束を「3つ」に絞ってくりかえし確認する

自然教室が遊びでなければ、子どもたちは何を学んで帰ってくるのか？

私は次のように説明しています。やや長くなりますが、参考になると思うので、全部紹介しましょうね。

「自然教室ではこれから言う『3つ』のことを学んできます。

1つめは『5分前集合』です。団体で行動するときは、時間を守ることが大切です。集合時刻を守らない人がいると、活動の時間が短くなったり、食事の時間が短くなったりします。また、集まったらおしゃべりしないことが大切です。おしゃべりしていたら、先生も話ができないからね。どんどん時間が過ぎていきます。

2つめは『班行動』です。班のなかの誰かひとりが勝手な行動をすると、ほかのメンバーはその人を探すだけで時間がなくなってしまいます。必ず班でまとまって行動してください。

3つめは『あいさつ』です。あいさつは生きて

いくうえでとっても大事です。あいさつができない人は、感じが悪いので損をします。たとえば中学校でもあいさつができない人は部活でレギュラーにはなれません。あいさつは自分から大きな声でしてください」

　このように約束は「3つ」に絞ることが大切です。4つ以上だと子どもは覚えることができません。

　この「3つ」の約束は、機会があるごとにくりかえし確認します。たとえば、事前指導で集まったとき、次のように言います。

「全員、起立！　となりの人に『3つ』の約束が言えた人は座りなさい」

　座った子どもたちに向かって言います。

「君たちはよく覚えていたね。では、立っている人たちに教えてあげて。1つめは？」

「5分前集合！」

「2つめは？」

「班行動！」

「3つめは？」

「あいさつ！」

「これで立っている人も思い出したよね。1つめは？　2つめは？　3つめは？」

　しつこく、くりかえし確認します。子どもたちが覚えて、約束を意識して活動しなければ自然教室に行く意味がないからです。

　子どもたちが「自然教室ではこれをがんばる！」とはっきりとわかる約束をしておくことが大切ですね。

やったことは必ず評価する

自然教室では集合するたびに、3つの約束を声に出して確認します。

しかし、約束を確認するだけではダメ。できた子をしっかりほめて、評価してあげることが大切です。そうでないと、子どもはやる気になりません。

たとえば、自然教室の朝、学校の運動場に集まったときです。私は次のように聞きます。


「自然教室は、遊びなの？」

「遊びじゃない！」

「では、全員、起立！　1つめの約束は何ですか？」

「5分前集合！」

「今、7時40分です。バッチリ5分前に全員集まることができました。すばらしいみんなに拍手〜！」


子どもたちは笑顔で拍手をします。


「でも、5分前に集まっただけではダメだよね。集まっておしゃべりしていいの？」

「ダメ！」

「では、おしゃべりしてない人、座る」


全員が座れればほめます。座れない子がいれば、叱ります。


「2つめ、何ですか？」

「班行動！」

「これはOKだよね。すべての班がまとまって先生にそろったことを報告に来た。バッチリです。拍手〜！」

「全員、起立！　3つめ、なんですか？」

「あいさつ!」

「バスの運転手さんがいらっしゃったよね。また、多くの先生が見送りに来てくださっている。これらの人すべてに自分から大きな声であいさつできた人、座る。座れない人は、次からちゃんとしなさい。自然教室であいさつできる人間に成長すること。それができないなら、行く意味がない。帰りなさい。次からちゃんとあいさつすると約束できる人だけ座る」

3つの約束について、このようにくりかえし確認し、評価するのです。

一度失敗しても、成長したらほめる

約束が守れないときには、かなり厳しく指導することもあります。

ある年の自然教室では、男子ふたりが入所式の集合時刻に遅れてきました。

「遅れてきたふたりは、立つ! みんなを5分以上待たせてる。人に迷惑をかけることは絶対に許されない。みんなの時間を奪ったことを謝りなさい!」

私はこのふたりを怒鳴りつけました。文字だけ読むと優しく感じるでしょうが、ものすごい迫力でです。言いわけを聞くこともしません。

私の迫力にふたりは反省した表情でみんなに謝罪しました。泣き出しそうな表情です。

ここで叱りっぱなしにしては、教育的ではありません。反省が見られたので、救いをかけます。

「今回は特別に許そう。子どもだから失敗は仕方ない。でも次は必ず5分前集合すること。失敗

しても、次、成長すればよろしい。でも、くりかえすのだけは絶対に許されないよ」

こう言ってふたりを座らせました。やはり、どこかのタイミングで救い、再チャンスを与えるのが教育的ですね。子どもは失敗しながら成長するものだからです。

失敗して叱られた子は、次はがんばろうとするものです。このふたりも、次の昼食では、5分前集合することができました。

「失敗をくりかえさずに今度こそ5分前集合しなさい」という教師の言葉に一所懸命応えた子どもたちです。そのがんばりを教師は絶対に見逃してはいけません。

私はふたりを立たせました。ふたりは今度は何を叱られるのかとビクビクした表情です。

しかし、私は次のように言いました。

「ふたりは、今度は5分前集合ができました。さっきできなかったことができるようになった！これが成長だよ。ほかのみんなも、このふたりのように自然教室で成長するんだよ。成長したふたりに拍手～！」

ふたりは照れながらもうれしそうでした。そして、自然教室が終わるまでずっと5分前集合を続けました。

ふたりをほめたり叱ったりすることで、5分前集合の大切さを学年全体に広めたのです。そして自然教室の中で成長することの大切さを広めたのです。

自然教室は遊びではありません。こうやって子どもたちを鍛え育てることが大切です。

運動会で5年生を高学年に育てる

運動会は子どもの団結力や責任感を育てるチャンスです。特に5年生は高学年として、初めて運動会を運営する側になります。5年生を鍛え、運動会を最高の盛り上がりにしましょう！

運動会は子どもを大きく成長させる

秋と言えば、運動会です（最近は春開催もありますね）。私は行事がだ～い好き。古い教師だと言われようと構いません。とにかく行事が大好きなのです。

それはなぜか？　行事を通して、子どもたちをグッと伸ばすことができるからです。特に運動会は、5年生の子どもたちを鍛え育てるのに絶好の機会ですね。

私は体育主任として、運動会の全校練習を担当し続けています。1000人を超える子を相手に全校練習をしたこともありますよ。1000人を超える子どもたちがピシッと「気をつけ」をする姿は最高に美しいものです。教師になってよかった！　と思える瞬間ですね。

荒れた学校でも、私が全校練習の指導を担当すると、子どもたちはピシッとします。いちばんのポイントは、誰よりも早く私がいちばんに運動場に出ることです。集まってザワザワしている子どもたちを静かにさせるのは誰にとっても至難の技。そこで、私は誰よりも早く運動場に出て、朝礼台で子どもたちを待ちます。そして、静かに体育座りをしている子をほめます。逆に、おしゃべ

明日の全校練習も「おかげ」と「せい」で
5年生を育てるんだ!!
ハイッ
君たちは何年生ですか?
5年生
そうだよね 5年生が最初に運動場に出て
ピシッとした体育座りでほかの学年を待ってください
同じようにほかの学年もできたら君たちの「おかげ」
できてなかったら君たちの「せい」だよ「おかげ」って言わせてね
5年生の
せい
おかげ
ちゃんと最初に出ましたね
うむッ
5年生がピシッとしていると6年生もしないわけにはいかない
そうなれば全体がしまって指導がラクになりますね

りしている子、立ち歩いている子は叱ります。

　子どもたちはムードに従います。先に運動場に出た子が全員、静かにピシッとして体育座りをしていれば、おしゃべりをしてはいけない雰囲気ができあがります。そうなれば、あとから運動場に出てきた子も、そのムードに従うしかありません。ピシッと体育座りをせざるを得ないのです。

　最初のムードを誰が支配するかが大切です。教師が主導権をもって、ムードをつくり上げなければなりません。教師は空気を支配する主導権争いに絶対に負けてはいけないのです。

　これは、ほかのことでもそうですね。教師は勝ち続ける必要があるのです。

運動会を通して5年生を高学年にする

　運動会は、5年生を高学年に鍛え育てる重要な場です。

　たとえば、全校練習の最初にピシッとした雰囲気をつくり上げるために、全校練習の前、5年生に次のように言っておきます。

「君たちは何年生ですか?」

「5年生!」

「5年生は、高学年。今年の運動会は君たち5年生も運動会をつくる側です。ただの参加者ではありません。運動会が成功すれば、君たちの『おかげ』、失敗すれば、君たちの『せい』です。厳しいですが、高学年とはそういうもの。君たちの力で運動会を成功させてください」

　「おかげ」と「せい」は、4月の始業式からずっとしている話ですね。この頃には子どもたちもす

運動会の1カ月前——
さて
少しお話をします 君たちは何年生ですか？
5年生
そう、5年生は高学年ですね
今年は運動会を「つくる」側です
自分たちの力で運動会を成功させたいと思っている人は？
ありがとう 手をおろして
では、最初に応援団を決めます
1学期に比べて手をあげる子が本当に増えたわ 成長してるなあ
それじゃ 応援団は
にこっ
オーディションで決めます
え!?

ぐにピンときます。

「全校練習では、君たち5年生がいちばん最初に運動場に出てください。そして、ピシッとした体育座りでほかの学年を待ってください。君たちの迫力でほかの学年が黙って体育座りをしたら、君たちの『おかげ』です。ほかの学年がおしゃべりを続けたら、君たちの『せい』です。中村先生は、朝礼台の上にいるからね。『君たちの「おかげ」だ』って言わせてよ」

子どもたちは真剣な表情で聞いてくれました。そして実際にいちばんに運動場に出て、ピシッとした体育座りでほかの学年を待ちました。

こうなれば、私の仕事は楽です。

「5年生の態度を見てごらん。ピシッと背筋の伸びた体育座りができて、キレイでしょ。もちろん、おしゃべりする人なんて誰もいない。ほかのみんなも立派な5年生を見習って、同じように待つんだよ」

5年生がピシッとしていると、6年生もピシッとしないわけにはいきません。5年生、6年生をほめながら、ほかの学年をフォローしていくと、あっという間に全校がピシッとした雰囲気になります。

応援団に立候補して運動会を盛り上げよう

私の勤務してきた多くの学校では、5・6年生が運動会の係を担当しています。

つまり、先に紹介した私の言葉通りまさに5年生は運営側。ただの参加者ではなく、運動会をつくる側に立つことになります。

だって想像してみて
誰も立候補者がいなくてジャンケンして
ジャーンケーン
ポンッ
あ〜〜っ負けたぁっ
負けた人がイヤイヤやる運動会、本当に楽しいかな？
本気でやる気のある人!!
明日の昼休み体育館で待ってます!!
翌日
ごちそーさまでした
オーディション、集まってるでしょうか？
大丈夫!!
ほらな
ズラーッ
わぁ、たくさん集まってる
ではオーディションを始めます

私が毎年最初に決める係は、児童係。児童係は応援団のことです。

　係決めのとき、5年生全員を集めて、次のように言います。

「君たちは何年生ですか?」

「5年生!」

「5年生は高学年。今年からは運動会をつくる側です。君たちの力で運動会を成功させたいと思っている人?」

　まちがいなく全員が手をあげます。

「運動会を成功させるために、5年生からはいろいろな係を担当してもらいます。どれも運動会に必要な大切な係です。責任もってがんばってください。そんな大切な係のなかでいちばん最初に決める係は児童係、つまり応援団です。応援団は、オーディションで決めます。本気で運動会を成功させたいと思っているなら、応援団に立候補しなさい。想像したらわかるよね。誰も立候補者がいなくて、ジャンケンで負けた人がイヤイヤ応援団をする。そんな運動会が盛り上がるはずがない」

　子どもたちは真剣な表情でうなずきながら聞いてくれました。

「本気で運動会を盛り上げる気がある人は、応援団に立候補するはず。明日の昼休み、体育館で応援団のオーディションを行います。たくさんの人が来てくれると信じています」

　こんな話をすると、子どもたちは応援団にたくさん立候補してくれます。

　オーディションは、応援をひとつ教えて演じさせ、声の大きさと動きで判定します。

審査中…
……では
コホンッ
この16人に決定しました!!おめでとう
わあーっ
パチ
パチ
パチ
パチッ
それではこれでオーディション終了……
音無ッフォローだ!!
あっ
どんより
選ばれなかった人も来てくれてありがとう
そのやる気がスゴイ!!
自分たちに拍手——!!
パチ
パチ
ほっ
パチ
ポイント
合格しなかった子もしっかりフォローを

もちろん、全員が合格するわけではありません。しかし、落ちてしまった子の「運動会を盛り上げよう」という気持ちはものすごくうれしいものです。そのうれしい気持ちをしっかり伝え、しっかりほめてオーディションを終わります。

ちなみに、オーディションは学年の教師全員で行った方が無難ですね。ひとりの教師で決めて、「なんでウチの子は応援団になれなかったんですか」なんて苦情をもらわないようにするためです。

応援団を全校の前でほめる

全校練習では、応援合戦の練習が行われます。その前に、私は全校の子どもたちに次のような話をします。

「突然ですが、クイズです。中村先生が学校でいちばん楽しみにしている時間はどれでしょう？　1番、授業。2番、給食。3番、昼休み」

全校の子どもたちに指で番号を出させます。

「正解は、……3番です。中村先生は昼休みに遊ぶのが大好きだからね。毎日昼休みに遊ぶのを楽しみに学校に来ています。中村先生といっしょで昼休みに遊ぶのが楽しみな人？」

私の手をあげるしぐさに促されて、多くの子が手をあげます。

「でもね。この1カ月間、9月に入ってずっと昼休みがなかった人たちがいます。誰だかわかる？　……応援団、起立！」

こう言って、応援団を立たせます。

「今立っている応援団の人たちは、この1カ月

間、ずっと昼休みがありませんでした。応援団の人たちだって、遊びたいはずだよ。でもね、運動会を盛り上げて成功させようって、昼休みに遊びたいのをずっと我慢して、応援を考えたり練習したりしてくれていたんだ。1カ月もの長い間ずっと、みんなのためにがんばり続けてくれた応援団に拍手〜！」

拍手が小さければ、やり直しです。

「1カ月ず〜っと昼休みに遊びたいのを我慢してがんばり続けてくれたんだよ。そんな拍手でいいの？　もう一度応援団に拍手〜！」

大きな大きな拍手が鳴り響きます。応援団の子どもたちは、とっても誇らしげな表情です。

「君たちは1カ月の間、昼休みに遊びたいだけ遊んできました。そんな君たちが応援団のがんばりに応えてできることはなんですか？」

当然、「全力で応援すること」が答え。1年生の子でも答えてくれます。

「今から15分間、応援の練習をします。このわずか15分ぐらい全力で応援して協力しないと、1カ月間がんばり続けた応援団に申しわけなさすぎです。全力の声、動きで応援団に協力しなさい。できますね!?」

「はい！」

子どもたちは全力の大きな声で応えてくれました。そして、練習や本番では、全力の大きな声で応援団に協力して、運動会を盛り上げました。

5年生の子どもたちは、高学年として、人のためにがんばる経験を通して大きく成長するのです。運動会は、その絶好の機会ですね。

社会見学では「公の場での過ごし方」を鍛える

社会見学は「公の場での過ごし方」を鍛えるチャンス。公の場で、そして働く大人たちのなかでどうふるまえばいいのか？　子どもが自分たちで考え、行動できるような指導をめざしましょう。

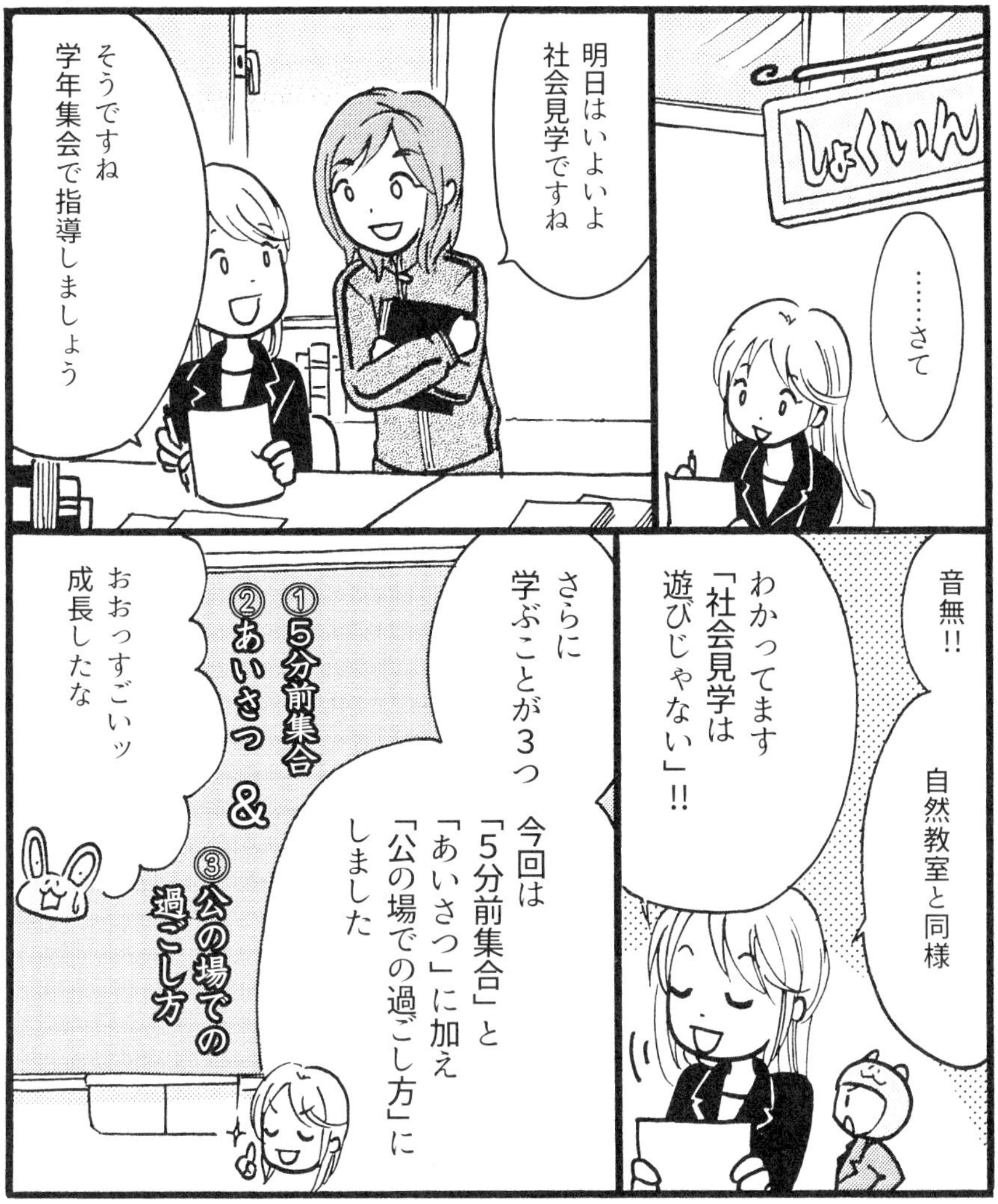

社会見学ももちろん遊びではない

自然教室は遊びではありません。99ページに書いた通りです。それと同じで、社会見学（社会科見学とも言いますね）も当然、遊びではありません。

まずは、教師自身がそのことを自覚する必要があります。そして、子どもたちにも自覚させる必要があります。

そこで、自然教室同様、社会見学について話すときも、次のやり取りでスタートです。

「社会見学は遊びなの？」

「遊びじゃない！」

「そうですよね。社会見学に行くなら、しっかり学び成長して帰ってこないといけません。大事な授業時間を使って行くのです。お母さん、お父さんにお金を出してもらって行くのです。成長して帰ってこないと申しわけなさすぎです」

このことをきちんと押さえておかないと、子どもたちはピクニック気分で社会見学に参加してしまいます。とにかく、口が酸っぱくなるぐらい、くりかえしくりかえし確認することが大切ですね。

約束に「公の場での過ごし方」を加える

私の学校では、5年生は広島に社会見学に出か

明日は社会見学です
遊びじゃない
社会見学は？
そうです
大事な授業時間、大切なお金を使って行くのです
しっかり成長して帰ってこなくてはなりません
今回は自動車工場と放送局へ見学に行きます教科書だけでなく実際見ることはわかりやすく勉強になります
しっかり見てメモをとって学習してください
そして
①5分前集合
②あいさつ
③公の場での過ごし方
社会見学ではこの3つも学びます①と②は自然教室といっしょ
じゃあ3つめは？

けます。自動車工場と放送局に行くことが多いですね。そして、お昼は広島平和記念公園でとらせていただくことが多いです。

そこで、次のように言っておきます。

「今回の社会見学では、自動車工場と放送局に見学に行きます。教科書だけで勉強するより、実際に見た方がわかりやすいからね。しっかり見て、メモして社会科の勉強をして帰ってきてください」

この言葉通り、社会科の学習をしてくるのが、社会見学の目標のひとつです。

しかし、社会科の学習をするだけでは、もったいない。せっかく校外で集団行動をする機会なので、私は5年生の子どもたちを集団として鍛える場にしています。

そこで、3つの約束をします。1つめは「5分前集合」、2つめは「あいさつ」です。この2つは、自然教室と同じですね。

そして、3つめは「公の場での過ごし方」にします。社会見学で訪れる場所は、学校という閉じられた世界ではありません。すべて公の場です。一般の方々がいらっしゃいます。一般の方々に迷惑をかけないように気を遣って過ごすことは、とっても大事な学習だと思います。

子どもたちには、次のように説明します。

「今回、君たちが訪れる場所は、すべて公の場です。一般の方々がいっぱいいらっしゃいます。大人数の子どもが一度に動くのです。君たちはいるだけで迷惑な存在だと自覚しなさい」

まずは自分たちが「迷惑な存在」であることを

自覚させます。今どきの子どもたちは、きちんと指導しないと、公の場でも自分たちだけの場所であるように傲慢なふるまいをしてしまいがちですからね。

「公の場では、一般の方々のご迷惑にならないように過ごすことが大切です。たとえば、集合したときでも、今のように広く場所はとりません。もっとギュッと集まって、できるだけ場所をとらないように、邪魔しないようにします。歩くときもそうですね。列の前後左右を詰めて、通行の邪魔にならないようにします。道いっぱいになって、道を占領するなんて、絶対にダメ。君たちだけの道ではないからね」

まずは声に出して確認。そして、練習です。

「社会見学、3つめの約束は『公の場での過ごし方』です。3つめ、何ですか？」

「公の場での過ごし方！」

「では、練習。公の場で、できるだけ迷惑にならないように、ギュッと集まってごらん」

子どもたちは、ギュッと真ん中に集まります。少しでもスペースがあれば、

「君たちだけの場所じゃない！」

と厳しく叱り、詰めさせます。

道の歩き方についても、同じように練習させます。まあ、こちらは日頃の廊下歩行から鍛えておくといいですね。廊下も「公の場」のひとつだからです。

最後に、自動車工場と放送局の見学について、次のように言っておきます。

「自動車工場や放送局では、みなさん、お仕事

をされています。仕事場に入らせていただくなんて、特別なことだからね。お仕事の邪魔をするなんて、許されない。絶対にお仕事の邪魔をしないこと」

厳しく伝えて、指導を終えます。

広島平和記念公園はお墓です

お昼はなかなか適当な場所がありません。そこで、広島平和記念公園で食べさせていただくことも多いです。

そんなときは、お弁当の時間をできるだけ短くします。長くても20分しか設定しません。

広島平和記念公園は、ワイワイと楽しむ場ではないと考えているからです。子どもたちにも、

「広島平和記念公園は、原爆で一瞬にしてなくなってしまった町につくられています。ここで暮らしていた方、ほぼ全員が一瞬で亡くなられました。広島平和記念公園全体がお墓なのです」

と説明しておきます。

お墓で騒ぐ人はいないでしょう。お墓でピースサインで写真を撮る人はいないでしょう。

それなのに広島平和記念公園を訪れる修学旅行生たちは、大騒ぎしています。笑顔で記念写真を撮っています。

子どもたちを連れて広島平和記念公園を訪れる先生方には、「広島平和記念公園はお墓だ」という意識をもって指導してほしいと思っています。

妖精・中村のハウツーコーナー
「お楽しみ会」のつくり方

オレの学級では，月１回「お楽しみ会」を開くぞッ。５年生の企画力・運営力がぐんぐん育つ「お楽しみ会」のつくり方を大公開だ！

①企画を練る！

最初に企画者を選ぶ。多すぎるとまとまらないので男女３人くらいずつがいい。

【企画の原案づくり】

(1) 会の名前　(2) 企画者の名前
(3) 日時　(4) 場所
(5) 係　(6) 準備物
(7) プログラム（タイムスケジュール）

企画者は(1)〜(7)を入れた企画書をつくって全員分印刷する。

②学級会で検討する！

企画書ができたら，学級会で検討だ。企画者が説明して，みんなは質問。「こうするともっとよくなる」という前向きな意見が◎。最後に係などの役割分担を決めて企画決定！

③お楽しみ会当日

教師が口出ししないのがポイント。教師に頼らず，自分たちでやりきる力をつけたい。教師は学級通信に載せるためのメモをとりながら見学すべし。

２学期編

④「振り返り」が大事!

お楽しみ会はやりっぱなしにしないで「振り返り」が大事! オレは右のような「お楽しみ会・振り返りシート」を配り,5分間で書かせているぞ。

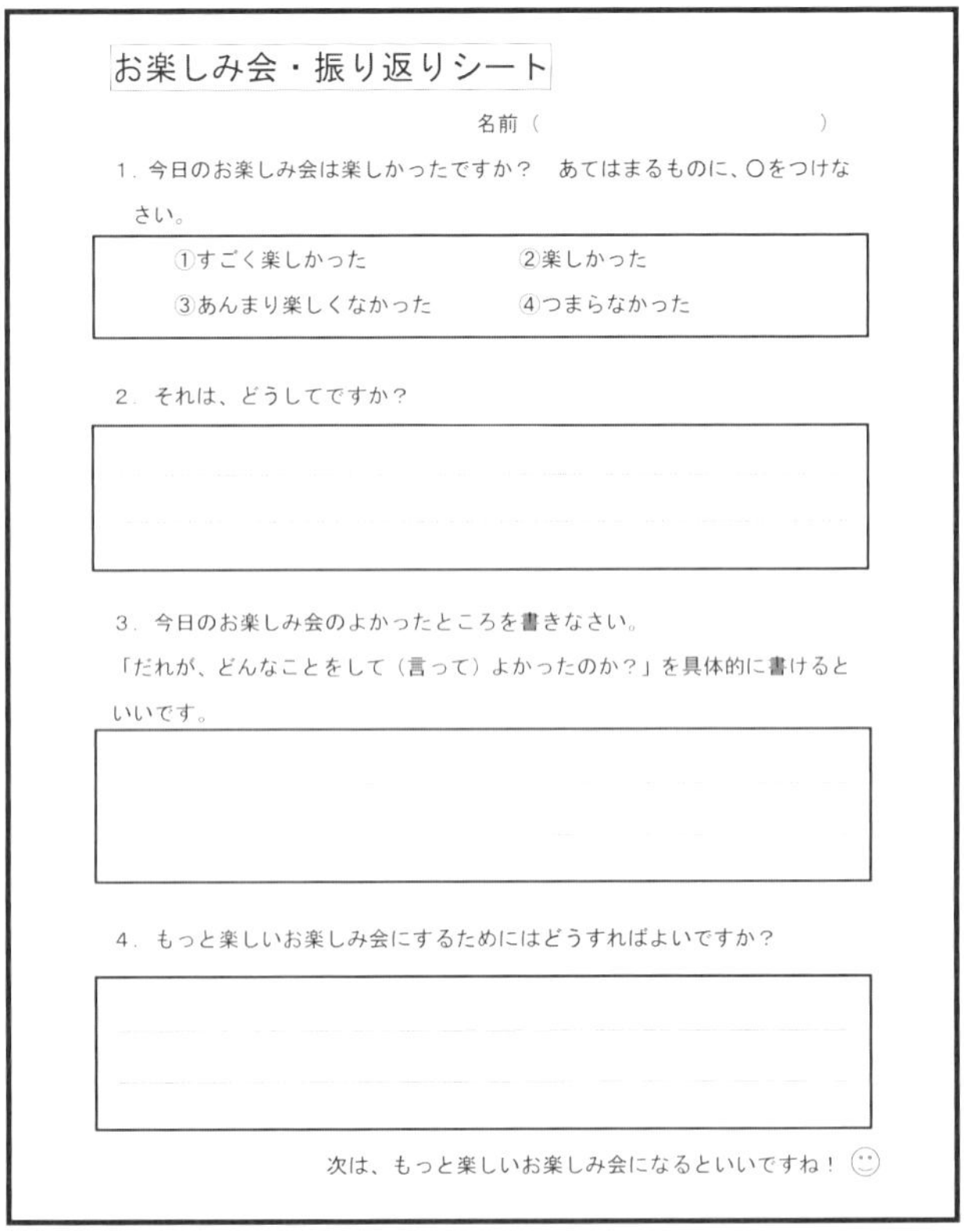

お楽しみ会・振り返りシート

名前(　　　　　　　　　　)

1. 今日のお楽しみ会は楽しかったですか? あてはまるものに、○をつけなさい。

①すごく楽しかった　②楽しかった
③あんまり楽しくなかった　④つまらなかった

2. それは、どうしてですか?

3. 今日のお楽しみ会のよかったところを書きなさい。
「だれが、どんなことをして(言って)よかったのか?」を具体的に書けるといいです。

4. もっと楽しいお楽しみ会にするためにはどうすればよいですか?

次は、もっと楽しいお楽しみ会になるといいですね!☺

なるべく具体的に書けるとグッド!

輝け!5年生!
お楽しみ会レポート!!

⑤学級通信でお楽しみ会の様子を紹介する

当日の様子をドキュメンタリータッチで紹介し,④の「お楽しみ会・振り返りシート」のアンケート結果もシェアリング(分け合い)しよう。

会を重ねるごとに,子どもたちはお楽しみ会の企画・運営が上手になっていくぞ。そして,お楽しみ会の盛り上がりはどんどんアップするんだ!

街中はすっかり
クリスマスですね
なのに運動会、社会見学と
厳しく叱ってきて……
私……
子どもたちに
きらわれて
ないでしょうか？
その逆だ!!
厳しく叱れない教師は
きらわれるッ
厳しい指導で教室に
秩序をもたらすことは
必要だ
しかし、子どもは
「厳しさ」と同時に
「楽しさ」も求めている
これからの教師は
「片手に厳しさ、
片手にユーモア」が必要だ
そのために……

クリスマス会ではサンタになる

子どもたちは笑うのが大好き。〝笑いのある学級は崩壊しない〟と断言できます。教師がバカになることで、子どもたちも安心して自分が出せるようになるのです。ユーモアの素養、大事ですよ！

片手に厳しさ、片手にユーモア

ずっと厳しいことを書いてきました。私は実に厳しい教師だなと自分でも思います。では、教師は厳しいだけでいいのでしょうか？ 正解は「×」です。厳しい指導は絶対に必要です。けれども、子どもたちは教師に厳しさと同時に楽しさも求めているのです。これからの教師は「片手に厳しさ、片手にユーモア」が必要だと言えるでしょう。大変ですが子どもたちが求めているのですから、やるしかない！ ユーモアの素養も、身につけていきましょう。

クリスマス会ではサンタになる

ここでは、「片手にユーモア」の例として、クリスマス会の様子を紹介しましょう。

私は、クリスマス会でサンタになり続けて二十数年の大ベテランです。新採のときはサンタの衣装を手づくりしていました。でも今はホームセンターなどで3000円程度で手に入ります。よい時代になったものです！ クリスマス会にサンタが登場すると、子どもたちはものすごく喜びます。それを考えたら、そのくらいの投資なんてわずかなものです。私の書いたある本のタイトルに

ポイントは「サンタになれ」だ
しゅばっ
オレはサンタ歴20年だ!!
なっていいんですか?
楽しそう
クリスマス会準備
クリスマス委員の人、ちょっと集まって
みんなには内緒だよ
こそっ
クリスマス会にノルウェー産のサンタが来るよ
呼ぶタイミングを考えてね
音無、正解はフィンランドだぞ!?
クリスマス会
では
始めます
わあっ
うっ

「子どもが大喜びで先生もうれしい!」という言葉があるのですが、これは教師という仕事の本質を表していると思っています。子どもが喜んでくれるなら、何でもやっちゃいましょう!

　学級でクリスマス会が企画されたら、企画者の子を呼び、次のように言います。

「ほかのみんなには、絶対に内緒だよ。クリスマス会にノルウェー産の本物のサンタが来るよ。登場するタイミングを考えておいてね」

　企画者の子どもたちは、目をキラキラさせながら聞いてくれます。ちなみにサンタはフィンランド。ノルウェー産はサバですね(笑)。

　そしてクリスマス会当日。会の最中に私は、

「お~、お腹が痛い! 先生、ちょっとトイレに行ってくる」

と叫んで教室を出ます。そしてとなりの特別教室に駆け込み、サンタ服に着替えます。そこに打ち合わせ通り、企画者の連絡係が呼びにきます。

「先生、次の歌で、1番が終わったら入って」

「先生~じゃ、な~い。ノルウェ~産の~、ほんもの~、サンタで~す」

　あくまでしらばっくれます。もちろん、インチキ外国人のように話すことも忘れません。連絡係の子にトナカイのかぶりものをかぶらせて、教室のドアをガラッと開けて入場。子どもたちの驚く表情。これが、たまりません。

「メリ~クリスマス! みんなが~、いい子なので~、ノルウェ~からやってきま~した」

　子どもたちは、ものすごい笑顔です。教師をやっていてよかったと心から思える瞬間です。

「君た〜ちに、プレゼント〜、ありま〜す」

こう言って袋からプレゼントを取り出します。小さな袋にお菓子を入れた簡単なものです。

これを、人数分、投げます。

良識ある教師には怒られるかもしれません。抗議のメールや電話をいただくかもしれません。それでも、毎年私は投げるのです。教室はもちまき状態。非常に盛り上がります。

「最後に〜ひとつだけお願〜いが、ありま〜す。中村先生を〜、大切に〜してくだ〜さい」

ここで、爆笑。すぐに教室から出ます。そして、服を着替えて、再登場。

「あ〜、すっきり。あれ、それなに？　学校にお菓子なんてもってきちゃダメでしょう」

「えっ、サンタさんがくれた……」

「サンタさんが来た？　何か大事なこと言ってなかった？」

「……中村先生を大切にって……」

こんなやり取りが楽しいものです。会が終わっても、子どもたちは何度も言ってきます。

「あのサンタさん、中村先生だったよね」

「先生じゃないって、ノルウェー産の本物だ」

バレててもいいのです。最後までしらばっくれ続けます。それが笑いにつながります。そして、子どもと教師の距離がグッと近づきます。

真面目な教師でも笑いは起こせる

真面目な先生方には、サンタになるのは少々ハードルが高いかもしれません。でも、勇気を出してやってみると、子どもたちが大喜びしま

す。子どもたちの笑顔を見るためなら、何でもしましょう。勇気を出して恥ずかしさを捨てましょう。そうすればまちがいなく教師への信頼は増します。2学期をこんな笑顔で終われたら最高です。

　作戦として、こういうバカをすることも大切ですね。教師がバカをすることで、子どもたちも「バカしたっていいんだ」と思えます。そうすれば、安心して自分が出せます。失敗やまちがいが怖くなくなります。

　それでもバカをするのが苦手な方には……よい方法がありますよ。教師自身がバカをしなくても、教室に笑いを起こせる方法です。

> お笑いは「フリ」「オチ」「フォロー」からなり立つ。今までの教師は「オチ」を自分で担当しようとして失敗してきた。子どもたちに「オチ」を担当させ、教師は「フリ」と「フォロー」を担当しよう。

これは、私の師匠・上條晴夫氏が提唱された方法です。たとえば「鼻下注意の命令ゲーム」。やり方は49ページをご覧ください。

　学級の全員が鼻の下に鉛筆を挟む姿は、くだらなさの極致です。教室が笑いに包まれます。でも、これだと教師自身が「オチ」を担当する必要がまったくないですからね。ゲームの「フリ」をして、「惜しい！　残念、座る」「優勝者に拍手～！」と「フォロー」をするだけです。

　子どもたちは笑うのが大好き。笑いのある学級は崩壊しないと断言できます。真面目な教師であるあなたも、笑いを大切にしてください。

3学期編　5年生を「最高学年」に！

3学期は、5年生を最高学年に成長させなければなりません。

6年生になってからでは、遅い。6年生を送る会と卒業式で、5年生をしっかりと最高学年に成長させる必要があるのです。

「人のためにがんばれる」のが「最高学年」。6年生を送る会や卒業式は、まさに人のためにがんばる場です。人のためにがんばる経験を通して、5年生を最高学年に成長させましょう。

ここで5年生を最高学年に育てておけば、大丈夫。6年生不在の終業式、離任式、6年生になって迎える着任式、始業式、入学式と、子どもたちはどんどん最高学年として成長していきます。

子どもたちがグッと伸びる3学期を大切にしましょう。

5年生を立派な最高学年、6年生に向けて育て上げるのが、5年生担任の醍醐味《だいごみ》です。

1・2学期にできなかったことが3学期にできるはずがない

熱心な教師こそ燃えてしまうのが3学期。急に指導を厳しくしたり……。でもこれが危険なんです。無理な指導は子どもの反発を招きます。まずは「3日間で元に戻す」作戦でいきましょう。

3日間で子どもたちを元の状態に戻す

3学期もスタートダッシュが大切です。

冬休み、子どもたちはダラけ切った生活をしています。

特に、冬休みは行事が多いですからね。クリスマス、大晦日、お正月とビッグイベントが続きます。休み中ずっと夜更かしし、昼夜逆転している子も珍しくありません。

また、冬は寒いですからね。単純に、なかなか布団から出られず、朝の遅い時間まで寝ている子も多くいます。

3学期の始業式の日。朝の挨拶のとき、「冬休み、この時間には、まだ寝ていた人?」と聞くと、手をあげる子の方が多いくらいです。3学期最初のダラけ方は、2学期以上と言えるでしょう。

それでも、そんな状態を放っておくわけにはいきません。一刻も早く、子どもたちを2学期末の元の状態に戻す必要があるのです。

2学期同様、3日間で元に戻すことを意識しましょう。

ただ、ダラけ切っている子どもたちです。ハードル設定をまちがってはいけません。ダラけ切っ

2月の学級崩壊の一因は、
1・2学期にこうしておけばよかった……という
教師の反省点を修正しようとして3学期に無理な指導をしてしまうことだ
当然、子どもたちは反発する
3学期から毎日ノートを集めてチェックします
ズッ
今更!?
やってねかったのに
ポイントは「1・2学期にできなかったことが3学期にできるはずがない!!」だ
た……確かに
……それに
5ねん1くみ
ダラ〜〜
まず直すべきはこっちだ
こ……これは

た子どもたちでもがんばればクリアできる目標を設定して動かすことが大切ですね。

このあたりのマニュアルは、2学期と同じです。95〜98ページを参考にしてください。

1・2学期にさせなかったことはしない

担任している子どもたちと過ごす時間も、あと3カ月しかありません。

「この子たちが進級して、困らないようにしないと……」

良心のある教師なら、どの学年を担任していてもこんな思いをもつものです。

特に5年生担任は、その思いが強いもの。

「来年度はいよいよ6年生。この子たちが最高学年になって困らないようにしないと……」

なんて考え、張りきって指導しようとします。

次の学年、最高学年の6年生に向けて、5年生の子どもたちを鍛え育てないといけないのはまちがいありません。

でも、そのことを意識しすぎて、3学期からいきなり厳しくする教師がいます。今まで子どもたちに要求してこなかったことを、いきなり要求しだすのです。

これ、実はリスクの高い行為です。2学期までにやってこなかったことをいきなり始めると、子どもたちに反発されるに決まっています。

たとえば、2学期までノートにまったくうるさくなかった教師がいたとします。子どもたちのノートを集めることもしていませんでした。丁寧に書いていないノートや、板書をきちんと写して

クリスマス
大晦日
12
おめでとー
賀正
お正月
お年玉
冬休みはビッグイベントが続き
夜更かしで昼夜逆転してる子も多い
ポイントは「2学期同様3日間で元に戻すこと」ですね？
おお!! そういうことだ!!
ただハードル設定をまちがうなよ!!
このあたりの方法は2学期同様95ページから復習だ
誰に言ってんですか
明日からできる速効マンガ
じゃ、まずは3学期最初に使えそうなネタを仕入れたのでしっかり指導しますッ
さっそくやってみますね

いないノートがあっても、「やり直し」を命じたことがありませんでした。

そんな教師がいきなり毎時間ノートを集め、チェックして、厳しく「やり直し」を命じたとしたら、……子どもたちが「2学期まではよかったのに、なんで今更！」と反発するのは当たり前です。

1・2学期にさせなかったこと・できなかったことが3学期にできるはずがない。そう心得ておいた方がいいでしょう。

私の経験上、学級崩壊の危険度が高いのは、5月、11月、そして2月です。

2月の学級崩壊の一因として、「なんで今更！」と子どもたちに感じさせてしまうような教師の無理ながんばり、無理な指導があると思っています。

1・2学期に「こうしておけばよかった」と思う反省点は多いでしょう。しかし、その反省点を挽回したり修正したりするのに、3学期では「遅すぎ」です。教師が反省しなければならない点はしっかりと反省すべきですが、それをすぐその年度の学級で実践に移すのは危険です。反省点をしっかり心に留めておいて、4月からの新しい学級づくりに生かしましょう。

1・2学期にできなかったことが3学期にできるはずがない。くりかえしになりますが、このことは肝に銘じておいてください。

3学期最初に使えるネタ

学級崩壊なんて、暗い話題になってしまいまし

みんなー「おみくじ作文」やるよー
それぞれの項目ごとに
大吉から吉まで書いてね 新年早々「凶」はナシだよ
学業
健康
友人
大吉
吉
コメントや解決策も書いてね
大吉
吉
友だちとケンカでも電話で仲直りでき
好きなたくさんでしょう。
折ったら集めるよ ひとり1枚引いてください
音無も大量の本でしっかりネタを仕入れたな
ポイントはどんなときも「学校って楽しい」と思わせることだ

た。気分を変えて、3学期最初に使える楽しいネタを紹介しましょう。

「やっぱり学校って、楽しい!」と思わせるのも、3学期の最初に大事なことですからね。

紹介するのは、「おみくじ作文」というネタです。

子どもたち一人ひとりにワークシートを配ります。子どもたちはワークシートに印刷してある「友人」「健康」「学業」「恋愛」など、それぞれの項目に「大吉」から「吉」を書きます。新年早々いやな気分にならないように「凶」はなしです。

また、それぞれの項目ごとにコメントを書きます。「友人（小吉）友だちとちょっとしたケンカをしてしまうでしょう。電話で話すと仲直りできます」のように、悪い内容の場合は解決策を書くのがポイントです。

ワークシートに印刷してある「（　　）神社」には、（　）に自分の名前を書きます。

書いたおみくじは4つに折って集めます。そして、ひとり1枚おみくじを引きます。

友だちと見せ合って会話が弾むことまちがいなしです。教室に新年らしい雰囲気が漂うのもいいですね。

こんなネタをたくさん知っておくといいですよ。どんどん本を買って、たくさんのネタを手にしてください。そして、どんどん試して「学校って楽しい!」と思わせましょう。

妖精・中村のハウツーコーナー
「学級文集」で思い出づくり

3学期はまとめの時期。まとめのひとつとして，「学級文集」づくりをオススメするぞッ！　特に新採1年目なら，初めての学級文集はまさに一生の思い出の品となるぞ。

①タイトルを決める！

2月上旬に学級文集の実行委員を募る。そして実行委員の司会で学級全体の話し合いをし，タイトルを決める。
タイトルの案を出させたら，はっきりマズイものだけ削除して，残ったものを人気投票すればOKだ！

みんなで話し合うことで学級文集に関心をもたせるのだ。

②表紙絵を募集しよう！

希望者に紙を配り，絵を描いてきてもらう。クラスみんなの人気投票で決定！

残念ながら落選してしまった作品も，裏表紙や挿し絵に使うと◎。

3学期編

妖精・中村のハウツーコーナー

「学級文集」で思い出づくり

③中身をつくろう！

内容は大きく「作文」と「企画ページ」に分かれるぞ。

「作文」…テーマを決めて書くのもいい。もし新しい作文を書く時間がなかったら「私のナンバーワン」として5年生で書いた作文の中からいちばんいい作文を選んで清書させる。一生の思い出になる作品だ。漢字を使って丁寧に書かせるとよい。

「企画ページ」…何でもランキング，みんなの一言，寄せ書きなど，楽しいコーナーをつくる。こちらは企画も執筆も実行委員にお任せ。

④印刷・製本をしよう！

印刷は実行委員の子どもたちとすると役得感があって喜ばれる。
印刷できたら，ページ順に並べてクラス全員で１枚ずつ取っていく。取り終わったら１枚ずつ丁寧に折り，本の形に。ホッチキスでとめて，背の部分を製本テープで貼れば完成だ！

「学級文集」は保護者も喜んでくれるぞ。新年度を迎える前に保護者からの信頼度アップまちがいなし！

5年生を最高学年に育てる——6年生を送る会

6年生を送る会では、6年生はお客さま。5年生こそが「〝最〟高学年」になるのです。6年生のためにがんばる経験を通して最高学年への意欲と自覚を高めましょう。

音無!!
ちょっとそこに座りなさいッ
は、はい
いよいよ「6年生を送る会」だな 6年生はお客さま
つまりいちばん上の5年生が「最高学年」になる
6年生を送る会で
5年生を最高学年に育てるんだ
2・3月は6年生を送る会
卒業式
6年生不在の終業式
離任式と続く……
6年生になってから、では遅いんだ
終業式

5年生の2・3月で「最高学年」に育てる

これまでの1・2学期で、5年生を「高学年」に育ててきました。しかし、6年生を送る会では、6年生はお客さま。5年生がいちばん上の学年になります。つまり「〝最〟高学年」。

6年生を送る会からは、5年生を「最高学年」に育てなければなりません。6年生になってからでは遅いのです。2・3月には、6年生を送る会や卒業式、6年生不在の終業式、離任式があります。教師にはそれらの行事を通して、5年生を「最高学年」に育てるという意識が必要です。

人のためにがんばれるのが「最高学年」

多くの学校では、6年生を送る会の企画・運営を5年生が担当していると思います。

6年生を送る会の企画が始まる前、私は5年生を集めて学年集会を行います。そこで、次のようなやり取りをします。

「6年生を送る会は誰のために行われますか?」

「6年生!」

「そうです。6年生を送る会では、6年生はお客さまです。では、お客さまの6年生をもてなす最高学年は何年生ですか?」

3学期編

「5年生！」

「そうです。君たち5年生は、6年生を送る会からは、最高学年です。まずは、最高学年としての自覚と覚悟をもちなさい。6年生を送る会は、誰のために行われますか？」

「6年生！」

「自分のためにがんばれるのは当たり前。6年生のため、人のためにがんばれるのが最高学年です。君たちは6年生を送る会で、6年生のためにがんばる経験を通してしか、最高学年になれません。6年生のため、人のためにがんばって最高学年に成長してください」

「はい！」

この時期の5年生はやる気になっています。また、4月からずっと鍛えてきたおかげで、自信もつき、いろいろなことができるようになっています。責任ある行事の続く2・3月でさらにグッと伸ばして「最高学年」にすることが大切ですね。

6年生のためにがんばれること2つ

6年生のためにがんばれることは、2つです。私は、次のように説明しています。

「6年生のためにがんばれることが2つあります。1つめは6年生を喜ばせることです。6年生を送る会では、6年生を楽しませて一生の思い出をつくってあげてください。1つめは何ですか？」

「喜ばせる！」

「そうです。まずは、心のこもった出し物で、6年生を喜ばせてあげてください。クイズやゲー

「喜ばせること」
6年生を楽しませて思い出をつくってあげてください
2つめは
「安心させること」
6年生は不安です
自分たちが卒業してこの学校は大丈夫かな？　って
君たち最高学年がピシッとして
6年生を安心させてあげましょう
では1つめは
喜ばせる
そう、2つめは
安心させる
そうですすごいね

ムの企画を工夫して、6年生を楽しませてあげてください」

多くの教師がこの目標は5年生の子どもたちに伝えているでしょう。しかし私は、さらにもう1つの目標を意識させています。

「6年生のためにがんばれることの2つめは、安心させることです。2つめ、何ですか？」

「安心させる！」

「そうです。6年生は不安に思っているんです。『俺たちが卒業して、この小学校は大丈夫だろうか』って。君たちが立派な姿を見せて、6年生を安心させてあげてください。君たちがピシッとしたオーラを送れば、下の学年だってピシッとするはずだからね。全校の立派な態度で6年生を安心させてね」

2つの目標をくりかえし説明し、くりかえし言わせて意識させます。こうやって意識して、6年生を送る会に取り組ませることが大切です。

しっかりとフォローする

実際の6年生を送る会で、5年生は大活躍でした。心のこもった出し物を6年生にプレゼントすることができました。クイズ大会やゲームも大いに盛り上がりました。6年生も終始笑顔で、本当によい会になったなあと思います。

そこで会のあと、5年生を残して、子どもたちと次のようなやり取りをしました。

「6年生を送る会は誰のために行われますか？」

「6年生！」

「6年生のため、人のためにがんばれるのが最

高学年。6年生のためにがんばれること、1つめは何ですか?」

「喜ばせる!」

「今日の6年生を送る会、6年生が喜んでくれたと思う人?」

私の手をあげるポーズに促されて、全員が手をあげます。

「君たち最高学年の『おかげ』で6年生は喜んでたよ。最高の思い出になったと思う。バッチリ喜ばせることができた。人のためにがんばれた自分たちに拍手~!　では、6年生のためにがんばれること、2つめは?」

「安心させる!」

「6年生が安心できたと思う人?」

全員が手をあげます。

「そうだよね。ゲームやクイズでは盛り上がったけど、ほかの学年や6年生の出し物、校長先生のお話などは、1・2年生も黙って聞けていた。これは、君たち最高学年がピシッとした態度で落ち着いた雰囲気をつくってくれたからね。6年生も『大丈夫だ』って安心したと思うよ。すばらしい最高学年の自分たちに拍手~!」

こうやって、6年生を送る会からは、5年生を最高学年に育てていくことが必要です。

くりかえしますが、6年生になってからでは遅いのです。子どもたちがグッと伸びる5年生の2・3月を大切にしましょう。

最高の「最高学年」になるために——卒業式

卒業式は、厳粛な雰囲気のなかで5年生を鍛えるチャンスです。行事が続く3月で、5年生を立派な最高学年に育てるのはまさに5年生担任の醍醐味と言えるでしょう。

人のためにがんばってこそ「最高学年」

現在私が勤務している学校は、大規模校です。そこで、5年生と6年生だけが卒業式に出ることになっています。

卒業式の練習で最初に私が5年生の子どもたちに聞くのは、「卒業式は誰のためにありますか？」ということです。子どもたちは「6年生」と答えます。しかし、正解はちがいます。「6年生とその保護者」です。もっと言えば、「6年生の保護者」のためと言ってもいいでしょう。卒業式は、これまで育ててくれた保護者に感謝するための式なのです。

しかし、5年生には、「6年生とその保護者のため」だと教えます。より多くの人のためにがんばったという実感をもたせた方がいいですからね。

「卒業式は誰のためにありますか？」

私がこう聞くと、子どもたちが反射的に、

「6年生とその保護者！」

と答えるようにします。

くりかえしくりかえし聞いて答えさせるのです。6年生とその保護者のためにがんばるのだという意識づけは本当に大切です。

自分のために
がんばるのは
当たり前です
「人のために
がんばれる」
これが最高学年です
6年生が目立って
保護者が喜ぶよう
君たちはジッと
していなければ
なりません
でも2時間
ずっと座るのは大変だよね
大変だけど
6年生のため
保護者のため
がんばってください
では
キレイな座り方を
教えますね

「卒業式は誰のためにありますか?」

「6年生とその保護者!」

このやり取りのあとは、次のように説明しています。

「そうです。卒業式は6年生とその保護者のためにあります。君たちのためではありません。でも、自分のためにがんばるのは、当たり前。人のためにがんばれるのが最高学年です。君たちは卒業式で人のためにがんばる経験をして成長しないと、最高学年になれません。6年生とその保護者のためにがんばる経験を通して、最高学年に成長してください」

この説明もくりかえし行います。この時期の5年生はやる気になっているものです。私が何度説明しても、真剣な表情でうなずきながら聞いてくれます。

ジッと黙って座っているのがいちばんの仕事

がんばると言っても、卒業式の間、5年生はほとんど座っているだけです。ジッと黙って座っているのがいちばんの仕事だと言ってよいでしょう。

もちろん、心を込めた呼びかけの練習は必要です。校歌や国歌、卒業生を送る歌の練習も必要です。しかし2時間の式の間は、ジッと黙って座っている時間がほとんどです。

そこで、子どもたちには、次のように言っておきます。

「卒業式は練習も本番も大変だよ。主役である6年生が目立って保護者のみなさんが喜んでくだ

足は地面にペタッとつけて
絶対にフラフラさせない
すっ
パタッ
立ったらすぐ
「気をつけ」に
なるように
かかとは
つけてね
女子は
膝をくっつけて
手は重ねて
膝の上です
男子は拳1つ分
あけて
手はグーにして
膝の上に
1こ分
卒業式では君たちは
「在校生」と呼ばれます
在校生、起立！
足は「気をつけ」の
ままだから、
手を横に伸ばせば
すぐにできましたね
では
座って

さるように、君たち5年生はジッとしておかなければならない。2時間ずっとジッと黙って座り続けるのは大変だよね。しかも、目立たないように姿勢よくして動いてはいけない。本当に大変だ。先生もジッとしているのは苦手だからよくわかる。でも、その大変さを人のために我慢してこそ最高学年。大変だけど、6年生のため、保護者のためにがんばるんだよ」

　子どもたちの大変さを理解し、共感しながらも、がんばるよう伝えます。このあたりのさじ加減が大事ですね。

　ジッと黙って座っているためには、座り方の指導をすることが必要です。

　ただ、この指導の仕方、あんまり本になっていないような……。せっかくなので、紹介してみましょうね。若手の参考になると思います。

「まずは、足。地面にペタッと足の裏をつけます。絶対にフラフラさせない。また、立ったらすぐに『気をつけ』になるようにします。かかとはつけます。足先は開きます」

　私は手で足の形をつくって見せながら言います。そして、ほかの先生方に個別に評価をしてもらいます。

「○○さんの足はキレイ。中村先生が言われた通りの形になっている」

「○○君、足がちがう。言われたことはちゃんとやりなさい」

　私の指示通りの足の形になっている子をほめ、なっていない子を叱ってもらうのです。

　これは、あとの指示も同じですね。名前を呼ん

で個別評価。大変ですが、子どもたちをやる気にするには、この方法しかありません。

さらに座り方の指導の言葉を紹介します。

「次に、膝。女子はくっつけます。男子は拳1つ分開けなさい」

「次に、手。女子は手を開いたまま指をとじます。そして、手のひらを重ねて膝の上に置きます。男子はグーにして膝の上です」

「背中は、椅子にもたれません。いちばん背が高くなるように、背筋をピッと伸ばします」

これらの指示をしたあと、10分間、ずっと動かない練習をします。

「今からこの姿勢で10分間過ごします。ピクリとも動いてはいけません。卒業式の本番は2時間だからね。10分ぐらいジッと座って我慢できないようでは話にならない。では、スタート」

ピクリとでも動けば、当然叱ります。10分間動かずにがんばれば、ほめます。

こうやって子どもを鍛え育てることが本当に大事ですね。

人のためにがんばれていることをほめる

続けて、起立や着席の指導も紹介します。

「卒業式では、君たちは在校生と言われます。在校生、起立！」

こう言うと、5年生全員がサッと立ちます。

「足は『気をつけ』のままですよね。だから、サッと立って、手を横にして伸ばせば、すぐに『気をつけ』の姿勢になります」

起立の練習はけっこう簡単です。子どもたちは

サッと立って、すばらしい「気をつけ」を見せてくれます。

もちろん、それを当たり前だと思ってはいけません。がんばった子どもたちはしっかりとほめることが大切です。

「さすが最高学年！　6年生のため、保護者のためにすばらしい『気をつけ』ができている。人のためにがんばれる君たちは素敵だね。素敵な自分たちに拍手～！」

人のためにがんばれていることをほめるのが効果的ですね。

問題は着席。これはなかなか難しいものです。座り直す子が多いので、最初は5秒ぐらい音がします。そこで、

「1秒で音を消しなさい。やり直します。着席」

と言います。すると、子どもたちは意識して座り直さなくなります。たまに、

「卒業生、起立！」

と号令をかけるのもおもしろいです。すると、何人か立つ子が出ます。

「今立っている人たちは卒業するそうです」

こんな軽いツッコミに、子どもたちは笑顔になります。ピシッとした雰囲気を壊さない程度に、たまにこんなお遊びを入れると、子どもたちは喜びますね。

卒業式後にしっかりほめて達成感を与える

こうやって5年生を鍛えておくと、卒業式では立派な姿を見せてくれます。来賓の方からも6年生でなく5年生の態度をほめていただくことが多

言っただろう
音無が成長する
1年間だけ
サポートするぞって
ま……
待って
私……まだダメです
中村先生が
いないと……
大丈夫!!
オレなしでも
音無はもう一人前だ
オレはいつでも
お前の味方だぞ
先生!!
実体はふつーに生きてるしな
先生――!!
ばっ
かぶりものがトレードマーク
子どもを笑顔に
中村健一

いくらいです。

卒業式が終わり、来賓、保護者も退場したあと、私は5年生全体の前に出ます。

「卒業式は誰のためにありますか？」

「6年生とその保護者！」

「自分のためにがんばれるのは当たり前。人のためにがんばれるのが最高学年です。しかも、ずっとジッと黙って座ってるなんて大変だよ。それでも、6年生のため、保護者のため、がんばり続けて卒業式を成功させたと思う人？」

子どもたちは全員、自信をもって手をあげます。手のあげ方もピシッと伸びていて、いつも以上にきれい。やる気と自信を感じさせてくれます。

そこで、私はこう言いました。

「先生は、成功だとは思っていません……」

子どもたちの表情が曇ります。「えっ!?」と心配そうに泣きそうな表情の子もいます。

私は少し間を空けて、次のように言いました。

「成功ではありません……大成功です！　本当にすばらしい態度だったよ。あんなすばらしい姿勢を続けるのはきつかったろうにね。人のためにがんばれる君たちは、本当に素敵だ！　大成功の卒業式をありがとう。素敵な自分たちに拍手〜〜！」

「大成功です！」の言葉に子どもたちの笑顔がはじけます。そして、うれしそうに拍手をします。

こうやって鍛えておくと、5年生は、6年生不在の終業式も、離任式、着任式、始業式、入学式もがんばり、すばらしい6年生になります。

5年生を立派な最高学年、6年生に育てるのが5年生担任の醍醐味ですね。

学級崩壊しても絶対に辞めない

学級崩壊は誰にでも起こります。でも、どんなにつらくても、絶対に教師を辞めてはいけません！「教師ってすばらしい」と心から思える日が必ずきますから。

学級崩壊は誰にでも起こります

最後に学級崩壊について書いておきます。初任者の学級の8割は荒れると言われているからです。あなたが初任者であれば、学級崩壊する確率は、正直な話、高いと言えるでしょう。

しかし、あなただけではありません。多くの初任者が学級崩壊して、つらい目にあっているのです。いや、初任者だけではないですね。若手はもちろん、我々ベテランの教室でも学級崩壊は起こります。私はよく悪夢にうなされて、目が覚めます。子どものコントロールがきかなくなって、学級崩壊する夢を見るのです。私もそのぐらい学級崩壊の影におびえています。

学級崩壊は、運です。教師の力のあるなしは関係ありません。ただ、努力次第で、学級崩壊の起きる確率は下げられると思っています。

崩壊学級の特徴を出さない予防を

では、どんな努力をすればいいのでしょう。

私はたくさんの崩壊学級にサポートに入ってきました。そして、崩壊学級には、共通する特徴があることに気づいたのです。

たとえば、崩壊学級の教室は、例外なく汚いで

す。多くのゴミ、プリント、体操服などが散乱しています。汚れた教室だと子どもたちは汚すことを躊躇《ちゅうちょ》しません。ゴミは捨て放題、ものは散らかし放題です。教室はあっという間に荒れていきます。

そこで、私は毎日放課後に教室を掃除してから帰っています。掃除することで教室をキレイに保ち、崩壊学級の特徴が出ないようにするのです。崩壊学級の特徴を出さないように予防していると言えるでしょう。こんな予防がとっても大切なのです。

子どもたちがダラダラと動くのも崩壊学級の特徴です。だから、いつもキッチンタイマーで制限時間を設定し、子どもたちが素早く動けるように鍛えています。

ゲームがなり立たないのも崩壊学級の特徴ですね。だから、日頃から5分でできるようなミニゲームをどんどんやって、教師の指示が通り、ルールが守れるよう教えているのです。

いったん学級崩壊してしまったら、打つ手はありません。とにかく日頃から崩壊学級の特徴を出さないように意識して予防するしかないですね。

崩壊学級の教師はただしのぐしかない

残念ながら、いったん学級崩壊してしまったら、なかなか打つ手はありません。

それなのに大きな手を打たせようとする管理職が多くいます。たとえば、ある校長は子どもたちに教師に対する不満を書かせました。子どもたちがどんな不満をもっているのかはよくわかりまし

私も学級崩壊する夢でよくうなされました……
今でも怖いです
ギャーッ 中村先生助けてえぇぇ〜〜
あ、いないんだった…
↑いなくなった当時
お……音無先生もですか？
私も1年目はとても大変でした……でも……
絶対、教師を辞めないと約束してください
いつか絶対、楽しいときがくるって知ってますから
中村先生……

た。しかし、それだけです。担任が不満を解消しようとしても、子どもたちはそれを受け入れませんでした。

考えてみれば、当然の話です。恋愛にたとえれば、学級担任はすでに子どもたちからふられているようなものだからです。それなのに、「僕の悪いところ、教えて。悪いところは気をつけて直すから、僕ともう一度つきあって」なんて言っても、相手に気持ち悪がられるだけ。下手したらストーカーと言われ、捕まってしまいそうな行為です。それなのに、こんな手を打たせる管理職がいるのですから、担任にとっては本当にひどい話だと思います。

崩壊学級の担任に残された手は、しのぐことだけです。手を打てば打つだけ、子どもたちの心は離れていきます。特に、先の校長がしたような大きな手なんて、厳禁です。

もし学級崩壊してしまったら、子どもたちと上手に距離をとります。休み時間には職員室に戻り、子どもたちと無理に顔を合わせなくてすむようにします。それ以外のことでも、できるだけ関わらないようにします。授業を妨害する子どもがいても、なるべくいつも通りに淡々と進めます。そして、つらいことや苦しいことは、ため込まず、同僚にどんどん言いましょう。自分ひとりの心にためてはダメです。

子どもとの関係を修繕しようなんて無理に考えず、まずはしのぎましょう。それでも、そうやってしのいでいれば、どこかでチャンスが来るはずです。そのときは、ほんの少しだけ子どもとの距

離を近づけてみればいい。それでも、一気に関係を改善しようなんて企《たくら》みはもたないことですね。

絶対に辞めない!

若手はとにかく辞めないことが大切です。たまたまその学級では運が悪かったのです。その1年間を乗り切れば、次の新しい学級は楽勝に感じられるにちがいありません。学級崩壊のために、大切なあなたの心と体を壊すことはありません。教師を辞める必要もありません。

「しのげ」「乗り切れ」……。ついそんな表現を使いたくなるほど、現場は厳しいです。それでも、私はあなたに「辞めるな」と言います。

1年目は死ぬほどキツいでしょう。楽しいと思える瞬間すらないかもしれません。でも2年目、3年目……確実に楽しさは増えていきます。40代を過ぎると毎日がヤバいほど楽しいです。

私は教師をよい商売だと思っています。みなさんが厳しい1年目を生き抜き、私のように教師という仕事を楽しんでくれるとうれしいです。この本がその支えになるといいなあ。

私、中村健一は、すべての教師の味方です。お互い、がんばりましょうね!

おわりに

　マンガと教育書のコラボ。今までにない、まったく新しい本ができました。この企画に関われたことをとっても誇らしく思っています。これも、土作彰氏が声をかけてくださったおかげです。ありがとうございました。

　私の文章には、「毒」があります。今回は編集部の橋田結唯氏のご指導のもと、その「毒」をできるだけ排除しました。これだけ書き直したのは初めてですね。でも、おかげで私のソフトな一面が示せたように思います。ご指導、ありがとうございました。

　最後に、エッセイ漫画家・松岡奈奈氏に心から感謝します。マンガには、私の文章以上に細かいチェックが入り、多くのやり直しが要求されたようです。松岡氏のブログ「ぴんくい～んの謁見室」を読ませていただきながら、大変な思いをさせてしまったなと、申しわけない気持ちでいっぱいでした。それなのに、こんなにも素敵なマンガに仕上げていただき、プロの仕事のすごさに感激しています。本当にありがとうございました。


　教育書「初」の企画ということで、思い通りにならないこともたくさんありました。でも、それだけに、人といっしょに仕事することのおもしろさを再確認することができました。それが本書に取り組んだいちばんの成果ですね。

　学校もいっしょです。あなたひとりで仕事をしているわけではありません。というか、ひとりの力で仕事できるほど、今の学校現場は甘くありません。

　ぜひ、職場の先輩をどんどん頼ってください。マンガのなかの「妖精・中村先生」のような存在の先輩が、あなたの職場にも必ずいます。

　教師は誠実です。誠実だから教師になっています。また、教師は教えたがりです。頼ってくれれば、先輩は親身になって相談にのり、きっとあなたをかわいがってくれるはず。

　そして、その先輩はきっと言いますよ。「教師は楽しい商売だぞ！」ってね。

中村　健一

著者・マンガ家紹介

中村 健一　なかむら・けんいち
1970年山口県生まれ。山口県公立小学校教諭。『子どもも先生も思いっきり笑える　73のネタ大放出！』『担任必携！ 学級づくり作戦ノート』（黎明書房），『策略―ブラック学級づくり　子どもの心を奪う！ クラス担任術』（明治図書）など著書多数。

松岡 奈奈　まつおか・なな
実体験をもとに執筆するエッセイ漫画家として活動中。著書に『つたわるLOVEえいご』（主婦の友社発売），CREA WEB（文藝春秋社）にて「ホストファミリーになろう！」連載中。自宅にてイラスト教室も開講している。

明日からできる**速効マンガ**
5年生の学級づくり

2016年3月25日　第1刷発行

著　者　中村　健一
マンガ　松岡　奈奈
発行者　伊藤　潔
発行所　株式会社 日本標準
〒167-0052　東京都杉並区南荻窪3-31-18
電話　03-3334-2630［編集］
03-3334-2620［営業］
URL　http://www.nipponhyojun.co.jp/

表紙・編集協力・デザイン　株式会社 コッフェル
印刷・製本　株式会社 リーブルテック

◆乱丁・落丁の場合はお取り替えいたします。　ISBN 978-4-8208-0598-4